サボる哲学

労働の未来から逃散せよ

栗原 康 Kurihara Yasushi

NHK出版新書
658

はじめに

人は皆、労働をやめるべきである。

労働こそが、この世のほとんど全ての不幸の源泉なのである。この世の悪と呼べるものはほとんど全てが、労働、あるいは労働を前提として作られた世界に住むことから発生するのだ。苦しみを終わらせたければ、我々は労働をやめなければならない。

（ボブ・ブラック『労働廃絶論』高橋幸彦訳）


まずは自己紹介。わたしは現在、四二歳。後厄だ。年収は二〇〇万円ほど。定期的な収入は週一日の大学非常勤講師。あとは部屋でテレビをみたり、好きなだけ本を読んで、好きなだけ文章を書いている。安心ひきこもりライフだ。座右の銘は「はたらかないで、たらふく食べたい」。はたらきたくない。

誤解しないでほしいのは、もらえるカネはいくらでももらうし、ひとに褒められたらそれはそれでめちゃくちゃうれしい。チヤホヤされたい。それにははたらかないといってもなにもしないといっているのではない。

わたしは文章を書くのが好きだ。嫌いなのはあくまで「賃労働」。自分のやったことがカネで秤《はかり》にかけられるのが嫌なのだ。この文章は売れるからよい、売れないからわるい。そんなふうに他人の評価にさらされるのは嫌だし、それを内面化して売れるものを書かなければいけないとおもわされるのはもっと嫌だ。

たとえば昔、大学の奨学金問題で新書をだそうとしたとき、うちの読者層はサラリーマンだからサラリーマンにうけることを書け、みんな学生を見下したいのだから学生は遊んでいるという文章をいれろといわれたことがあるのだが、そんなことをいわれたらツバを吐きかけたくなってしまう。結局、逆らって本はだせなかったのだが、できないものはできないのだ。いたしません。やりたいことしかもうやらない。

よくそんなことをいっていたら食っていけないぞといわれるのだが、わたしはいつも自分を指さし、こう聞き返す。食ってなかったらここにいますかと。食えるのだ。だいたいひとが本気でなにかをやっていると、誰かがスッと手をさしのべてくれる。わたしの場合は、一人で出版社をたちあげたお兄さんが、売れなくてもいいから思いをこめた本をつくりましょうといってくれて、それで本をだしたら、少しずつ他でも本をだせるようになっていった。人生は相互扶助だ。

だけどこの社会には、あきらかにそういう生きかたをしちゃいけないとおもわせる力がはたらいている。「労働の未来」だ。中学時代から高校進学を意識させられて、高校にいったら大学へ。大学にいったら就職だ。将来、カネを稼げるようにならなければならない、もっと稼げるようにならなければならない。みんながそうしているから、そうするのがあたりまえ。そうしなければいけないとおもわされる。幸せの一本道だ。そのレールからドロップアウトしたら人生は終わり。就職してからは、よりよい家庭を築くために、よりよい老後を送るために、会社のためにはたらかされる。なんどかあれやりたい、これやりたいとおもうことはあっても、またこんどにしようとあきらめる。あとはその繰り返しだ。将来のために、ぼくらのいまが犠牲になる。人生が将来に直結させられる。労働とは「時間による支配」にほかならない。

正直、この支配から抜けだすのは、口でいうよりもしんどいものだ。二〇代半ばから、わたしはこれでよく失恋をした。「わたしとの将来をどう考えていますか」。難問だ。おもいを伝えると、最初は「夢を追いかけるのはいいことだ」といってくれるのだが、その夢なるものがカネとも職業とも将来とももつながっていないことがわかると、相手のおもいが怒りに変わる。「三〇をこえてやりたいことしかやろうとしないのは、子どもが駄々をこねているのとおなじことだ」。すみません。幸せはおいくらですか。

とはいえ、みずからすすんではたらいているだけならば、みずからの意思ではたらかないという選択もできるだろう。やっかいなのは、この「時間による支配」が危機に陥っているときだ。むしろその危機を利用して、より強力な支配が発動してしまう。たとえば、東日本大震災。放射能が飛び散って、もう将来なんてない、死ぬかもしれないというそのときに、国家と企業はその危機を経済の危機に転化した。いま経済をまわさなかったら、会社が潰れる、カネがなくなる、みんな死ぬ。だから死を覚悟して出社せよ。みんなのために、いま死ぬつもりではたらくのだ。まるで戦場におもむく兵隊のようだ。

いまこのときに全人生がつめこまれる。現在が究極の将来になる。将来のために、ぼくらのいまが絶対服従。国家はそれを後押しするかのように、放射能の安全基準を緩和した。最初はそんなのだれも信じていなかったはずなのに、毎日、その数字をみせられていたら、だれも疑わなくなってしまう。これなら安全だといって、ふつうにはたらきはじめるのだ。労働陛下、万歳！

正直、コロナ禍でもおなじことを感じている。ほんとうは感染のリスクを負ってでもはたらけというのは、死んでもはたらけと言っているのと変わらない。だが、飲食店や接客業、路上飲みする若者だけがスケープゴートにされて、会社はふつうにうごいている。多少、テレワークが増えただけで通勤電車も止まらない。経済をまわさなければ死んでしまう。決死の覚悟ではたらくのだ。

当初、国家はそれを後押しするかのようにＰＣＲの検査数をあげようとしなかった。最初はみんな文句をいっていたが、毎日、感染者数をみせられていると感覚がマヒしてくる。きっといまさら検査数のことを言おうものなら、おかしな人扱いされるだろう。日本は安全だからはたらこう。いや、はたらけるから安全なのだ。

転倒した公衆衛生の政治学。人命をとるか、経済をとるか。ヨーロッパなら人命優先というだろうし、アメリカやブラジルなら経済優先というだろう。だが日本はちがう。人命優先といいながら、その中身が経済なのだ。だからいまおもむろにはたらきたくないといったら、公衆衛生の名のもとに非国民扱いされるだろう。おまえは人命を危機にさらす気かと。もはや意識してどうこうではない。選択の余地もない。自動的に死んでもはたらかされるのだ。国民の安全のために。オリンピック。

さて、だからこそだ。いまこそサボるということばをつかいたい。サボタージュ。実のところ、このことばがいつどこでどんな意味でつかわれはじめたのか、よくわかっていない。だがフランス語の「サボ（sabot）」からきているのはたしかだ。意味は「木靴」。ここから二つのイメージが発生している。ひとつは、木靴はとても履きにくい。だからそれを履いて仕事をしていると、トロくて作業がすすまない。おのずと怠けてしまうのだ。もうひとつは、木靴を機械のなかにぶん投げるというもの。そうやって、人間をはたらかせる労働の装置を破壊するのだ。ラッダイト。

サボタージュ＝「おのずと怠ける／労働の装置を破壊する」

いつも心に労働廃絶を。これまであたりまえだとおもわされてきた労働の未来から、自分の身体をズラしていくことができるかどうか。おのずと怠けることができるかどうか。そして、それをゆるさないこの社会の権力装置を破壊することができるかどうか。どうやって。サボを投擲《とうてき》。そろそろ前置きはこのくらいにして、本論をはじめよう。われ怠ける、ゆえにわれ破壊する。労働の未来をサボタージュ。いくぜ!

サボる哲学――労働の未来から逃散せよ　目次

校閲　髙松完子
DTP　佐藤裕久

第1章

笑殺の論理

『鬼滅の刃』とはなにか?

鬼滅じゃねえよ、魔滅だよ

目下、『鬼滅《きめつ》の刃《やいば》』、大ブームだ。ちょうどアマゾンプライムでアニメがタダだったので、わたしもせっかくだし、はなしのネタに一話くらいとおもってみてみたら、これがおもしろい。やめられない、とまらない。パソコンのまえでもうくぎづけだ。全二六話、一気見してしまった。そのあともう続きがしりたくてたまらなくなって、すぐに貸本屋に走る。読めば読むほどとまらない。友だちにデモに誘われても仮病でサボり、猛烈ないきおいで全巻むさぼりつくした。あまりに気合いをいれすぎたせいか、読んだあと二、三日、うごけなかったほどだ。まさに全集中の呼吸である。

そしていま劇場版『鬼滅の刃 無限列車編』が公開されている。世のなか、鬼滅、鬼滅で大騒ぎだ。そんななか、同日公開されたのが映画『夜明けを信じて。』。正直、この映画の内容にも宗教性にも興味はない。幸福の科学の信者さんたちがみにいくのだとおもうが、おもしろいとおもったのは主演の千眼美子《せんげんよしこ》が舞台あいさつでしゃべったことばだ。ちなみに、千眼美子といってわかるだろうか。

もともと清水富美加という名前で活躍していた女優さんで、芸能界のひどい労働環境に腹をたててやめてしまい、いまは改名して幸福の科学の宣伝活動をやっている。わたしは

『変態仮面』という映画が大好きで、清水はそのヒロイン。いい味をだしているなとおもっていたので、マジかよと頭をかかえたのだが、とはいえ、いまでもネットに記事がでているとたまにみてしまう。その千眼美子が『鬼滅の刃』に対抗心をバリッバリに燃やしてこういったのだ。

映画公開初日なんですけれど、世間では『鬼滅の刃』が、すごい話題になっているみたいなんですけれども、こちら現実世界の『魔滅《まめつ》の悟《さと》り』を描かせて頂いておりますので、皆さんには、ぜひぜひその世界観を楽しんでいただけたら。[*1]

狂ってるぜ。ひさびさにネット記事で千眼をみて、なにをいうのだろうと注目していたら、なんと「魔滅の悟り」だ。おもわず涙をながして笑ってしまった。なにがなんだかわからない。これはなんなのだろう。本人は本気である。絶対的にマジなのだ。鬼滅をぶっ

＊1 「千眼美子「魔滅」と口にした映画「鬼滅」に次ぐ2位」（『日刊スポーツ』二〇二〇年一〇月二〇日）https://www.nikkansports.com/entertainment/news/202010190000521.html。

つぶしてやるぜと、敵対心をまるだしにしている。だけど、そう口にした瞬間に友か敵かの二項対立が消えさっている。その土俵ごと崩れ落ちてしまっているのだ。もはやなにと闘っているのかわからない。でも、なにかに圧勝している。これが現世を捨てた宗教家のすごみなのだろうか。この世界をズッコケろ。千眼美子、おそるべし。

さてよく考えてみると、『鬼滅の刃』で描かれているのも、千眼がいっていたこととおなじなのではないかとおもう。『鬼滅の刃』は、主人公の炭治郎《たんじろう》が仲間とともに、ひとを喰らう鬼を退治していくという物語だ。鬼の正体は元人間。だいたいは貧しさゆえに虐げられてきた弱き人間たちだ。わたしが好きな鬼は猗窩座《あかざ》*2。極貧の家庭でそだち、病で臥《ふ》せっていた父親をすくうために街で盗みをくりかえす。薬代だ。だが、それで役人につかまってムチ打ちの刑。それをしったお父さん。ガーン。ショックで自殺をしてしまう。猗窩座は自暴自棄。もう死のうかと街をブラブラしていたら、町道場の先生がひろってくれた。貧乏だけど、拳法の達人で超いいひとだ。娘さんとも恋仲になった。

だが、そうこうしているうちに金持ち道場の連中が勢力をのばそうと、道場をのっとりにやってくる。腕では師匠と猗窩座にかなわない。猗窩座が留守にしているうちに、毒を盛って師匠と娘をぶち殺した。鬼だ。怒り狂った猗窩座。復讐だ、復讐だ。敵の道場にのりこんで、六七人全員を殴り殺した。やったぜ。だけど復讐心にとらわれた猗窩座は本物の鬼のさそいにのって自分も鬼になってしまう。こんどは弱い人間たちを虐げて、むさぼり喰らう怪物だ。友か敵か、強者か弱者か、主人か奴隷か。弱者が拳をふりあげて、死ぬ気で強者をやっつける。だが、そうやって敵を殲滅《せんめつ》しようとしているうちに、緊張感で身体がガッチガチ。敵を殺れ、鬼になって敵を殺れ。勝っても、自分が弱いものを虐げる主人になってしまう。それが鬼の正体だ。

主人公・炭治郎の仲間たちは、その鬼よりも強くなって鬼をやっつける鬼殺隊《きさつたい》だ。だけど、それで敵を倒すだけだったら、やっていることは鬼と変わらないだろう。炭治郎はちがう。鬼にやさしいのだ。なぜなら、妹が鬼だから。鬼も人間にもどれると信じている。だから最後、炭治郎は奥義、ヒノカミ神楽《かぐら》「斜陽転身」で猗窩座をやっつけるのだが、そのすごさは刃の鋭さばかりではない。妹以外、家族を皆殺しにされたのに、それでも鬼をゆるす心の鋭さだ。斬られた猗窩座は涙を流しながら過去をおもいだし、オレの人生はどこからはじまり、いったいどこで終わってしまうんだろうとなげきながら、この世をさっ

*2　以下、猗窩座の過去については、吾峠呼世晴『鬼滅の刃　第一八巻』(集英社、二〇一九年)を参照した。

ていく。敵を殲滅せよ。復讐心にとらわれたその身体から離脱しよう。鬼を滅するのではない。鬼を滅して鬼になる魔の回路を滅するのだ。『鬼滅の刃』とはなにか。鬼でもなく人間でもなく。ゆけ、斜陽転身。鬼滅じゃねえよ、魔滅だよ。

アマテラスを笑い殺せ

ところで、わたしはSNSがキライだ。そういいながらも、たまにフェイスブックはやっていて、本をだしたりイベントをやるときだけ宣伝につかっているのだが、どうにもオンタイムでピコピコと情報発信をするのが苦手である。やればやるほど自分が何者であるのか、どんな立場にいるのかをはっきりとさせなくてはならなくなっていく。そのために意見の食いちがうやつをみつけ、どんなささいなミスでも揚げ足をとって猛バッシング。悪をたたき、みずからの正しさをまわりに承認してもらう。みんなで敵を殲滅しよう。かつて政治学者のカール・シュミットが、政治の本質は「友／敵」の関係をつくりだすことだといっていたが、SNSはそういう政治そのものになっている。[*3] どこもかしこも政治、政治。SNSは鬼である。おしゃべりがしたい。

そういえば、少しまえに、友人の政治学者がある歌手にむかってSNSで「死ね」とかいて炎上していたが、それがまさにそうだ。好きだったその歌手が安倍晋三、昭恵夫妻と親しいことをしってショックをうけ、激怒してそうかいただけなのだが、そんな事情はおかまいなし。みんな鬼の首をとったように一億総バッシング。「死ね」といってはいけない。病気の政治家にはいたわりのきもちをもたなくてはいけない。国民的歌手に政治的な批判をしてはいけない。節度をもって正しい政治的発言をいたしましょう。みんなリベラルで正しいそぶりがしたいのだ。ひとことだけいっておきたい。BUTA!

どうしたらいいか。わたしがいま、だいじだとおもっているのは笑いである。このかん、友人にすすめられて鶴見俊輔『アメノウズメ伝』を読んでいたのだが、この本にでてくる笑いの思想がほんとにおもしろい。かんたんに紹介してみよう。まず、アメノウズメは『古事記』『日本書紀』にでてくる踊り子だ。女神、アマテラスに仕える女官でもあった。いちばん有名なエピソードが天の岩戸。ある日、アマテラスがせっせと布を織っていたら、弟のスサノオが皮をはいだ馬をデーンとぶん投げてきた。とんだイタズラだ。でも、それでびっくりした女官のひとりがギャアといって死んでしまう。怒り狂ったアマテラスはス

＊3　C・シュミット『政治的なものの概念』（田中浩、原田武雄訳、未來社、一九七〇年）。

サノオのいるこんな世界は滅べばいいと、天の岩戸にかくれてしまった。アマテラスは太陽の神でもあったので、陽が昇らず、みんながこまってしまう。

わっしょい、わっしょい。屈強な男たちが岩をあけようとするが、かたくておもくて開きやしない。そこで登場したのがアメノウズメだ。かの女は踊りの天才。しかもただの天才ではない。着物をぬぎ、肌をさらけだし、さらには陰部までさらけだして、腰をブルンブルンとふりながらヒャッハーと踊りはじめた。それをみた外のみんなはこいつなにをやってんだと笑いころげる。それはそうだ。陽が昇らず、人類絶滅の危機。この緊迫した事態に、とつぜん素っ裸になってわけのわからぬ踊りをやりはじめたのだから。笑わないわけがない。世界の終わりにヒャッハー！

なんだか外からたのしそうな笑い声がきこえてくる。気になってしかたがない。アマテラスは天の岩戸をスッとあけて、外の様子をのぞきみる。おもしろすぎて笑いころげる。プヒャー、キャッキャ。そのスキをついてみんなでアマテラスをひきずりだし、踊って笑ってめでたし、めでたし。そんなはなしだ。むろん物語の主役はアメノウズメ。正しい神、アマテラスがスサノオを悪にみたてて、人類にカタストロフを突きつけた。敵を殲滅。そしたらアメノウズメが卑猥な踊りを披露して、全世界をズッコケさせた。敵がなければばすなわち無敵。友か敵か、その政治を解体してしまったのだ。ごめんください。

そしてアメノウズメには、もうひとつ有名な伝説がのこっている。その後、アマテラスの命をうけて孫のニニギが天空から地上を侵略しにやってくるのだが、アメノウズメがそれをたすけたというのだ。どうもニニギたちが征服、征服と遠方へ突きすすんでいたら、謎の男にでくわした。なんと身長が二メートル、鼻がビヨンと伸びた天狗みたいなやつだ。コワい。闘ったら絶対に負ける。そこにアメノウズメがやってきて、またもや裸になってヒャッハーだ。やらかした。それをみた天狗さん。プヒャー、キャッキャと笑ってすぐに友だち。正直、征服の手伝いをさせられただけのような気もするが、鶴見によれば、アメノウズメの意図はあきらかだ。友か敵かではない。友につぐ友、そしてさらなる友。友だけだ。政治権力を笑い殺す。鶴見はこういった。

権力は、自分の思想を（その時その時に）ひとつのとざされた体系としてまとめてしまいたがる。これに対して、それをやわらげて、経験の場に近づけたいと思うものは、笑いをさそってその体系をくずし、支離滅裂な形にかえして、別の局面へとさそう。[*4]

およそ権力というものは、これが正しいというひとつの体系をつくりあげ、悪をたたき、そしてさらなる悪をたたき、みずからの正しさを証明していく。その権力に真正面からたちむかっても、より正しい思想の体系をつくりだしてしまうだけのことだ。だが笑いはちがう。とつぜん権力に支離滅裂を突きつけて、正しさの体系そのものをくずしてしまう。笑いとともにズッコケて、なにと闘っているのか、それすらもわからなくさせてしまう。別の局面へいざなわれる。善も悪もない。友も敵もない。権力の土俵がくだけちる。アメノウズメの笑殺だ。

もしかしたら、そんなの神話のはなしではないか、現代には通用しないのではないかというひともいるかもしれない。じっさい、いまお笑いというと吉本興業を筆頭にお笑い産業になってしまっていて、やっていることはSNS的な政治をはることだ。お笑い芸人たちがテレビのニュース番組にでてきて、ご意見番よろしく、めちゃくちゃ饒舌《じょうぜつ》にこれが悪だというのをたたきはじめる。しかもかるく笑いをとってしゃべるものだから、それを無視したり、批判することが空気を読まないことであるかのようにおもわされる。そしてたいていの場合、いわれている内容は権力者がいっていることそのままだ。みんなでまもろう、正しいモラル。プロの笑いが権力の体系をつくりだしていく。[*5]

その笑いにアメノウズメはいない。もし天の岩戸をまえにして、アメノウズメが「アマテラスさまにご無礼がないように」とかいって清らかな舞いを踊り、「スサノオ、あんたが悪いよ」とかまっとうなことをいいはじめたら、おもしろくもなんともないだろう。それだとただの神々のしもべ、権力の手先にほかならない。アメノウズメの魅力はあくまでその支離滅裂さにある。空気は読まない。いざそのときまで、いやそのときですら、なにをしでかすかわからない。しっちゃかめっちゃかだ。なりふりかまわず胸も陰部もさらけだし、腹をポンポン、腰をブンブン、そしてみたこともないくらい顔をクッチャクチャにして、ピョンピョン跳びはねる。この世界を滑稽にかえる。かしこまった身ぶりをあざ笑う。正しいモラルをパンクさせる。それが笑殺の論理である。

むずかしいことではない。プロの芸人さんみたいに気の利いたことがいえなければいけ

＊4　鶴見俊輔『アメノウズメ伝』(平凡社ライブラリー、一九九七年) 二六頁。
＊5　この点については、武田砂鉄『日本の気配』(晶文社、二〇一八年) を参考にした。

ないわけではないし、アメノウズメみたいに素っ裸にならなければいけないということでもない。これが笑いだという笑いは笑いではない。笑殺の論理に型はない。むしろおもいだしてほしい。「魔滅の悟り」。支離滅裂だ。その滑稽さこそが「友／敵」の二項対立でなりたっている政治の体系をパンクさせる。結論だ。われわれはアメノウズメである。みんな政治がキライ。SNSも大キライだ。そろそろ敵を殲滅とか、おっかないことばをつかうのはもうやめにしよう。鬼を滅して鬼になる、その魔の回路を滅するのだ。魔滅の刃。アマテラスを笑い殺せ。千眼美子は支離滅裂。

第2章

アナキスト、モノを買う

「いきなり！ステーキ」がいきなり燃えた

カネはいらない、カネがほしい

わたしはふだんあまりカネをつかわない。もちろん食料品や「麦とホップ〈黒〉」、タバコや本などは買うのだが、それ以外はほとんどつかわない。ズボンはジーンズ一本あればいいいし、靴はコンバース一足。どちらもペロッペロになって擦りきれるまではいてしまう。パソコンもケータイももっているが、いちど買えばそうそう壊れるものでもないし、ケータイなどはかれこれ一五年ちかくおなじものをつかっている。とうぜんガラケーだ。なぜそうなのか。禁欲ではない。断じてちがう。酒でも本でもほしいものがあれば、日銭がなくなるまで買いまくる。ならばポリシーや主義主張でそうしているのかというと、そうでもない。あたまで考えてやっているわけではないのである。

わたしはアナキストだ。なにそれと思われるかもしれないが、アナキズムという思想を生きている。では、アナキズムとはなにか。一般的には「無政府主義」という訳語でしられていると思う。むろんそれもまちがっていないのだが、語源をさかのぼれば、アナキズムはギリシャ語の「アナルコス」からきていて「無支配」という意味だ。それに「イズム」をつけて「無支配主義」。支配されたくない。それだけだ。近代以降、支配的な権力の最たるものが政府だろうということで、無政府主義と訳されたのだが、支配はそれ以外にもたくさんある。なのでここでは、いかなる支配も存在しない、そんな世のなかをめざしているのがアナキストだと言っておこう。

ならば、どんな支配があるのか。アナキストがずっといらないと言ってきたのは奴隷制だ。古代の権力者たちは弱小部族に戦争をしかけ、捕虜にした人びとを「従わなければ殺す」と脅しつけて、その生殺与奪の権をにぎってきた。そうして奴隷たちに無償奉仕をさせ、そのはたらきによって、こいつは使える、使えないと優劣の点数をつけてきた。奴隷たちのヒエラルキー。奴隷たちは生きのびるために、どんなに酷使されても主人たる権力者に絶対服従。むしろ使えると認められたくて、たがいに競ってはたらいてしまう。ご主人さま、わたしはあなたさまの犬でございます。もっとムチを。

おそらくこの奴隷制についてどうおもうかとたずねたら、だれもがそんな制度はいらないと答えるだろう。しかし奴隷制の問題は、なにも古代の話にかぎらない。わたしたちはいま現代の奴隷制というべき資本主義を生きている。とりわけ、賃労働の原型は奴隷労働だ。人間が人間を売り買いするのだ。たとえば、アナキスト人類学者のデヴィッド・グレーバーはこう言っている。

記録に残っている最初期の賃労働契約は、奴隷の貸し出しだったようだ。ここから出発する資本主義のモデルは何だろうか？　ジョナサン・フリードマンのような人類学者は「古代の奴隷は単に資本主義の古い姿であった」と主張しているが、それに対してわれわれが、はるかに難なく主張できるのは「近代的資本主義は単に古い奴隷制の新しい姿である」ということである。つまり今日では、誰かがわれわれを売ったり貸したりする代わりに、われわれが自分たちを貸し出しているのだ。[*6]

はたらいてカネを稼がなければ生きていけない。賃金をもらわなければ生きていけない。死ぬぞ。いちどその恐怖に囚われたら、あとはもう工場や会社の奴隷である。どうかわたしを雇ってください。賃金をいただくためには、ご主人さまの命令になんでも従います。古い奴隷制のあたらしい姿、「カネによる支配」だ。もっとがんばってはたらいて、もっとカネを稼げるようになりたい。自分のはたらきを、労働力商品としての価値を高めたい。わたしはつかえる商品だ。人間が「商品交換」の論理でうごくようになっていく。その金額で人間の価値がはかられるようになっていく。金持ちか、貧乏人か。大企業につとめる高級商品か、非正規雇用の安価な商品か、それともはたらく気のない不良商品か。

人間に値札がつけられていく。

しかもカネをつかって生きることがあたりまえになってくると、もう労働しているときばかりではない。日常生活までおなじ論理でまわりはじめる。かつてフランスの思想家集団、シチュアシオニストのギー・ドゥボールはこう言った。

> 近代的生産条件が支配的な社会では、生の全体がスペクタクルの膨大な蓄積として現れる。かつて直接に生きられていたものはすべて、表象のうちに遠ざかってしまった。[*7]

「スペクタクル」とは見世物のことだ。たとえば、演劇をみにきた観客は作り手の想像した世界を一方的にみせつけられる。受け身だ。ヘタクソな芝居だとそうさせられている感がつよくて嫌になってしまうのだが、うまいとその受動性が心地よくなってくる。しだ

＊6 デヴィッド・グレーバー『アナーキスト人類学のための断章』（高祖岩三郎訳、以文社、二〇〇六年）一二八〜一二九頁。

＊7 ギー・ドゥボール『スペクタクルの社会』（木下誠訳、ちくま学芸文庫、二〇〇三年）一四頁。

いにその想像された世界に疑いをもたなくなっていく。資本主義もおなじだ。有無も言わさず、商品交換の世界を生きさせられて、それがあたりまえになっていく。そこで評価されることがうれしくなっていく。そのなかでしか歓びを味わえなくなっていく。商品世界が「生の全体」を包みこむのだ。

もはやうまいものを食べるということは、自分で好きな山菜やキノコ、魚や虫を採りにいくことではない。高級な食材を買うということだ。高級なレストランに食べにいくということだ。よい酒を飲むということは、どぶろくやビール、果樹酒など、自分で好きな酒をつくることではない。高い酒を買うということだ。高級な店に飲みにいくということだ。ドンペリが飲みたい。高級商品を身につけて、生活レベルをあげていこう。社会的ステータスをあげていこう。人間の欲望が消費の欲求に還元される。生の直接性が解体される。自分の生を自分で決定できなくなっていく。奴隷かよ。

そんなことを言うと、よくおまえはカネがほしくないのかと言われるのだが、そうではない。カネはほしい。というか四六時中、カネのことばかり考えている。いつもだれかカネをくれないかとか、友だちにレディ・ガガがいればいいのにとかそんなことばかりだ。だけど嫌なのは、この資本主義ではカネが生きる尺度になっていることだ。人間が商品価値で選別されることだ。まっとうな人間はこれくらい稼げなくてはいけない、これくらいのモノは買えなくてはいけない。できないやつは落ちこぼれ。そうやって、労働や消費でヒエラルキーをつくられてしまうのが嫌なのだ。

それがわたしの主義主張だ。カネにふりまわされるな。しかしだからといって、つねにカネにたよらずに生きなくてはいけない、みんな自給自足の生活をしなければいけないと言われると、それもときどき嫌になる。そういう生活をしている人たちには尊敬の念しかないし、それが現代でもできるのだということを、身をもって示すのはだいじなことだとおもうが、いざぜんぶ自分でつくれと言われると、ちょっとキツイ。できればタダでひとからもらいたいし、なによりカネをだしてでも「麦とホップ〈黒〉」が飲みたい。まわりくどい言いかたになってしまうが、カネによる支配に反対するというかたちで、カネにふりまわされるのが嫌なのだ。もっと自分の身体に素直でありたい。カネはいらない、カネがほしい。矛盾を抱いて跳べ。

燃えよ、いきなりステーキ

さて本題だ。このコロナ禍になにを買ったのか。ある編集者からそんな質問をいただいたので、お答えしたいとおもう。正直に言おう。あまり買っていない。もともとわたしは週六日、家にひきこもっているので、たいして生活が変わっていないのだ。だけど、いちどだけ贅沢をしたことがある。あの「いきなり！ステーキ」でいちばん高い肉を食ったのだ。この店との出会いは、四年前にさかのぼる。わたしは週に一回、大学の非常勤講師で埼玉から山形までいっていて、通勤時間は往復五時間半。かなり体力が消耗する。いつもヘロヘロになって帰ってくるので、たまには精をつけねばとおもって、大宮駅で降りて肉を食いにいった。それが当時話題の「いきなり！ステーキ」だ。

三〇〇グラム、二〇〇〇円のリブロースステーキ。年収二〇〇万のわたしには大金だ。でも、あの肉を喰いちぎった瞬間をいまでもわすれはしない。プヒャ〜〜〜、めちゃくちゃおいしい！　身体に力がしみわたってくる。食べたあとの身体のうごきが別人のようだ。肉のすごさをマジで実感してしまった。それでやみつきになって、月にいちど大学帰りに「いきなりステーキ」にいくことにした。しかし三か月目のことだ。朝六時に起きて、きょうは肉を食うぞとウキウキしながらテレビをつけるとニュース速報。「大宮で人気ステーキ店が炎上」。見慣れたステーキ屋が燃えている。「いきなり！ステーキ」が火事で炎上してしまったのだ。ガーン。いきなりステーキがいきなり燃えた。

それから数年、ショックで肉のことは考えられなくなっていたのだが、ある日、たままネット検索をしていたら地元、近所のイオンモールにも「いきなり！ステーキ」の店舗があることがわかった。いくしかない。かの女といっしょにいってみると、なつかしのあの店だ。ステーキもめちゃくちゃおいしい。でも、気になったのは客入りがすくないことだ。こんなにおいしいのに、なぜだろう。そうおもいながら帰宅して、テレビをつけると、ある番組で「いきなり！ステーキ特集」がやっていた。みるしかない。

どうも「いきなり！ステーキ」、売り上げがめっちゃよかったので、ガンガン店舗を増やした。もともと首都圏のいいところだけでやっていたのだが、みんなにおいしい肉を食べてほしいという社長の意向で、郊外のファミリー向けの施設にも店舗を拡大した。与野だ。でも、家族づれはひとり二〇〇〇円の高級ステーキなんて高くて食べやしない。それで売り上げがガンガン悪化して、店舗がつぶれはじめたのだという。マジかよ、オレのせいじゃねえか。そうおもってみていたら、「ではいま社長はどんな対策を考えているのでしょう？」といってドキュメンタリータッチの映像にシフトした。がんばれ、社長さん！

いったいなにを語るのだろう。ドキドキしながらテレビをみていると、社内会議のようす。ジッと苦悶する表情をみせていた社長がついにしゃべりはじめた。いまわれわれは苦境にさらされている。でも、安心してほしい。起死回生の策をおもいついたぞと。社員がかたずをのんで社長をみつめていると、社長はこういったのだ。「いきなりオイスター」。はあ？　社員が全員ポカンとしている。ステーキのお店に、むちゃくちゃおいしいカキもだせるようにするのだという。マジかよ。意味がわからない。

だけど、ほんとにワンマンの社長さんなのだろう。だれもなにもいわずに、社長のいうことを真剣な表情できいている。でも、あまりのこの唐突な提案にあるまじめな社員がこう口火をきった。「なぜ、いまオイスターなのですか？」。まっとうだ。しかし、この質問に社長はこうきりかえした。「だって、オイスター食いてえだろう」。ガーン。瞬殺だ。その後、だれもなにもしゃべらずにこの会議は終了した。ヤバすぎだ。その後、じっさいに起死回生の策は実行され、何店舗かで「いきなりステーキ&いきなりオイスター」がはじまった。テレビの取材はその最初の週までだったのだが、ざんねん。客入りはよくなかった。大失敗だ。あばよ、オイスター。

それからしばらくして、また別のテレビ番組で特集がくまれていたのだが、こちらはひどかった。社長さんも番組によばれて出演していたのだが、テレビのコメンテーターが、社長さんはいちど売れて有頂天になって経済の論理をわすれてしまったようですね、いまあなたがやっていることは愚行ですよみたいなことをいいはじめる。うるせえよ。わたしにはそんなの戯言にしかおもえなかった。社長さんには好印象しかわかないのだ。「だって、オイスター食いてえだろう」だよ。最高さ。

　もちろん社員として、そんなひとにふりまわされるのは絶対に嫌だけど、はたからみているかぎり悪いひとにはおもえない。かれには経営者としてどうこうとか、そんなことは関係ないのだ。うまいものが食いたい。ただそれだけに徹している。さきに、わたしはカネにふりまわされた生活はしたくないといったが、まさにそういうことだ。なぜオイスターなのか、なぜそんなことをするのか。みんな経済の論理で考えていて、カネもうけのためになぜということしか考えていない。でも、そんな理屈は社長さんには通用しない。だって、ただ食べたいだけなのだから。圧勝だ。

　いきなり、思想のはなしをしてみよう。わたしは自由よりも、自発ということばが好きだ。自由というと、どうしても「選択の自由」がおもいうかんでしまう。ほかでもなく、これこれこういう理由でこれを選択したのですと。みずからの意思でみずからの人生の目的をつかみとる。それが自由だ。しかしいつもおもうのだが、それは結局、自分をある目的のために道具的にあつかおうとしているだけなのではないか。自分をモノみたいに動員しているだけなのではないか。仮にオイスターについて、社長さんがこれだけもうかるからと理由をつけてなにかをやろうとしたら、みんなその目的の奴隷になってしまう。もうかるためならなにをしてもいい。オイスターじゃなくてもいい、ステーキじゃなくてもいい。みんなカネの奴隷だよ。

もちろん、企業としてやっていくためには、そのもうけるという目的がだいじなのだろう。だが、人間としてはちがう。わたしが人間として真に自発をかんじるとき、そこに目的なんてありはしない、理由なんてありはしない。なぜ、「麦とホップ〈黒〉」がうまいとおもうのか。しるか。なぜ、あのひとを好きになってしまったのか。しるか。なぜ、この本がおもしろいとおもってしまったのか。しるか。なぜ、このリブロースステーキがおいしいとおもってしまったのか。しるか。なぜ、このオイスターがうまいとおもってしまったのか。しるか。理由なんてない。なにかのためではない。だれかのためではない。自分のためですらない。みずからの意思をこえて、雷にでも撃たれたかのように、なにか他なるものに衝き動かされたかのように、この世ならざる力に導かれたかのように、必然的にやってしまうものなのだ。やめられない、とまらない。だれにも制御できない力がある。無支配とはなにか。おのずと発する。それが「アナーキーの自発」である。

その後の状況はみんな想像できることだろう。時代はそのままコロナに突入。なにかを察したかのように、わたしとかの女は二月後半、イオンモールにはしった。いきさきはもちろん、「いきなり！ステーキ」だ。いってみると、広いスペースに客はゼロ。ガランとしてだれもいない。うう、いきなりさんよう。おもわず、いちばんたかい熟成肉のステーキを注文してしまった。四〇〇〇円だ。味はどうだったか。プヒャー、めちゃくちゃおいしい〜〜〜！　お店のひとも気をつかってくれて、焼き加減はどうですかときいてくれる。せっかくなので、鉄板をあたためなおしてもらったら、肉がかたくなってしまった。だけど、そうしてくれたきもちがうれしい。泣きそうだ。うめえ、うめえと肉を喰らった。それがわたしのなかの「いきなり！ステーキ」の最後である。

四月七日、緊急事態宣言。お店は閉まり、そのまま潰れてしまった。それ以来、ステーキを食っていない。身体の一部をうしなってしまったみたいな感じだ。いつだっておもう。金持ちか、貧乏人かではない。もうかるか、もうからないかではない。会社のもうけだけを考えろとか、そのためには成果をださなければいけないとか、そんなのしったことか。人間の価値は年収で決まるだとか、消費こそが生きる歓びだとか、そのためにはやっぱり会社のもうけをあげなければいけないとか、ごちゃごちゃうるさいんだよ。あらゆる目的を解除せよ。われわれはただうまい肉をうまいといって食いたいのだ。肉にヒエラルキーなどありはしない。ちくしょう、腹がへった。肉が食いたい。生の直接性をとりもどせ。アナキスト、モノを買う。燃えよ、いきなりステーキ！

第3章
いまこの場を旅して住まう
痕跡のアナキズム

やっちゃんはブタみたいなネコを飼っています

「やっちゃんはブタみたいなネコを飼っています」。これは先日、トークイベントで友人の小説家、Y子さんにいわれたことだ。ちなみに、「やっちゃん」とはわたしのこと。くりはらやすし、やっちゃんだ。Y子さんはちょっとまえにうちに遊びにきてくれたのだが、そのときアパートの入り口で、とてつもなくブサイクなネコに会ったのだという。顔面は傷だらけで、毛はうすぎたなく、それでいてパンパンに肥え太っている。さながら子ブタ。そのネコがグルグル、ブヒブヒいいながらすりついてくる。人なつっこい。おもわず「やっちゃんちのネコですか？」ときくと、ニャアといって返事を返してきたという。まちがいない、きたろうだ。

むろん、うちのネコというにはすこし語弊がある。もともと野良ネコ、いまは地域ネコだ。名前も野良なので、わたしは「きたろう」とよんでいるが、ご近所さんたちは別のよびかたをしている。たとえば、さいきん保健所につれていかれないように、だれかが首輪をしてくれたのだが、その首輪にはマジックで「ブサコ」とかいてあった。子どもの字だ。その後、さすがにわるいとおもったのか、二重線で消されている。さすが野良ネコ、名前は無数。おそろしいもので、人間というのはペットに名前をつけることで、あたかも自分の所有物であるかのように思ってしまう。わたしが主人で、あなたは奴隷。めっちゃ支配だ。だけど野良にそんな理屈は通用しない。老子いわく。「道の道とす可《べ》きは、常の道に非ず。名の名とす可きは、常の名に非ず」[*8]。たえず名状しがたいなにかに化けろ。だれのものにもなりはしない。野良ネコはアナキスト。おい、きたろう！

せっかくなので、きたろうとのなれそめをお話ししよう。はじめて出会ったのは去年の四月。緊急事態宣言まっただなかだ。じつはもともとエサをあげていたのは別のネコだ。「ネコさん」。わたしはいま埼玉県の与野に住んでいるのだが、いっしょに暮らしているかの女と散歩をしていたところ、めちゃくちゃかわいい二毛ネコと仲良くなった。こっちをみつけると、五〇メートル先からでもテコテコと駆けてくる。ネ、ネコさん！ しばらくして、ご近所さんみんなでかわいがっている地域ネコだとわかった。超人気のアイドルネコだ。つけられた首輪にはこう書いてある。「みんなのネコさん」。それをみてかの女がこういった。「裸一貫、家も財産ももたずに食べている。すごいことですね」。会社も仕事もなんにもない。わたしもおもった。はたらかないで、たらふく食べたい。

＊8 『老子』（蜂屋邦夫訳注、岩波文庫）一二頁。

それからまもなく四月のことだ。ある夜、かの女とコンビニで買い物をして帰ってくると、すこしはなれた駐車場にネコがみえた。手をふってもやってこない。あれ？　なんだか様子がおかしい。不審に思ったわたしは「もういこう」といったが、かの女が「お腹が空いていたらかわいそうだから」といって駐車場へむかった。かの女がいくとネコが逃げる。でもカサコソとエサをだすと、パッとよってきて貪り食った。その瞬間、かの女が猛ダッシュでこっちに逃げてくる。どうした？　そう、ネコ違いだったのだ。わたしがみにいくと、ものすごい姿。ガリッガリにやせ衰えていて、足は骨と皮だけ。毛も抜けおちていてあばら骨がうきでている。さながら巨大なドブネズミ。顔面はただれていて、ほとんど片目が潰れていた。完全なる野良だ。近づいたわたしにキッとガンをとばす。こわい。あまりの不気味さにおもわずたじろいでしまった。完敗だ。

その後、ネコさんにエサをあげていると、必ずそいつもやってくるようになった。これがもう忍び足でまったく気配をかんじさせない。まさに神出鬼没だ。とつぜん後ろにいてジッとこっちをにらんでいる。なんど、かの女が「ギャア！！！」と叫ぶのをきいたことだろう。いつもかの女とネコさんが逃げてしまうので、しかたなくわたしがそいつにエサをやる。いつしか「きたろう」とよんで仲良くなっていた。するとみるみるうちに肥え太りはじめて、いまではもう肉がパンパン。爆発しそうだ。丸々していてかわいらしい。毛もちゃんと生えたよ。たまにティッシュで目をふいてあげていたら、目もよくなった。どうも近所の人たちもエサをくれるようになって、だれか病院にもつれていってくれたみたいだ。いまではネコさんときたろうは親戚だというウワサまで流れている。ブブのきたろうだ。好兄弟！

不可視のテリトリーを築き、支配なき共同の生を紡げ

変わったのはきたろうばかりではない。それから毎日、わたしとかの女は夜、ネコ散歩をするようになったのだが、くりかえしていると、さいしょはわからなかったきたろうの気配がわかるようになった。足音をたてていなくても、いるかどうかがわかるのだ。暗闇を歩いていると、空き地から光がみえる。ネコの目だ。いままでみえなかった眼光がスッとはいってくる。ご近所さんの屋根のうえ、塀のうえや車庫のなか。草むらの茂みからきこえてくるかすかな音。風の匂い。そういうのが意識していなくてもおのずとみえてしまうのだ。風が語りかけます。オラ、きたろう。

それまでわたしは道といえば道路。コンビニやスーパー、駅にいくためのものでしかな

かった。ただの平面。というよりも直線だ。出発点からゴールまで。必要なことがあって、その目的をいかに速く効率的に達成するかくらいのものでしかなかった。しかしその用途からとつぜん道がズレはじめる。道が立体的にみえてくる。みえるはずのなかった道がみえてくる。同じ場所にいるはずなのに、別次元の場所がみえてくる。

なにがおこったのか。ふと山形に住んでいる山伏の友人のことをおもいだした。わたしは半年にいちどその友人をたずねて遊びにいくのだが、とうぜん山のひとなので、なんどか山も案内してもらった。そのとき思ったのは、わたしたちとみえているものがちがうということだ。たとえば、いっしょに山のテッペンにあるお堂をめざしていたときのことだ。わたしなどはその進路だけに集中してしまう。山でありながら目的地までの直線、平面しかみえていないのだ。だが山伏の友だちはちがう。なぜか斜面がみえている。「ああ、あそこにいい山菜がいっぱいあるよ」「このキノコがたまんないんだよね」。その付近の木の傷跡からクマの気配をかんじ、危険をしらせてくれる。

それをみて、山の身体とはこういうものかとおどろかされた。そして、これはもじどおり移住して自然のなかで暮らして、修行を積まなければ身につかないものだとも思っていた。しかしきたろうにおしえられたのは、じつはそうではないということだ。もちろん程度の差はある。だけどたとえ都会で暮らしていても、ただ散歩をしているだけでも、山伏的な目というのは意外とどこでも生れてくるものだということだ。みえないものがみえてくる。みえない音がきこえてくる。みんな野蛮人だよ。

もうすこし掘り下げてみよう。こうしたことを考えるのに、いつも参考になると思っているのが人類学者のティム・インゴルド『ラインズ』だ。[*9] かれは人間の移動には二つのタイプがあるといっている。

1）輸送

2）徒歩旅行

わかりやすい。まず「輸送」の特徴はその目的指向性にある。経済をまわすという目的だ。運搬するヒトやモノがダメにならないように、できるかぎり速やかに目的地まで移動する。だいじなのはスピードと効率性。風景も気候も音も匂いも関係ない。陸でも海でも

＊9　ティム・インゴルド『ラインズ　線の文化史』（工藤晋訳、左右社、二〇一四年）。

空でも、はじめから抽象的な地図が設計されていて、その最適ルートをわたっていく。これが文明の、資本主義の要だといってもいいだろうか。だからこそ、権力者は「輸送」を阻むものたちに一切容赦しない。ヒョッコリハンよろしく道路の秩序をおびやかすものがいれば即逮捕だし、空港建設に反対する者がいれば徹底的にたたき潰されるのだ。

もうひとつの「徒歩旅行」とは「生活の道に沿って成長する」ことだ。[*10] インゴルドによれば、それをもっともよく体現しているのが狩猟採集民だという。かれらが森にはいるとき、はじめから地図なんて存在しない。どの方角にいくのかはわからない。予測不可能だ。どこに果実があるのか木の実があるのか幼虫がいるのか、森に入るまでわからない。でもなにもないわけではない。道標はある。そのつど注意深く森を歩きながら、どこにいいものがあって、どこになかったのかその足跡をのこすのだ。次にきたときはその痕跡をたどって、またあたらしい足跡をのこしていく。

一人ではない。いろんな人たちが先人たちの痕跡をたどり、その足跡をのこしていく。その足跡がつながって一本一本、みんなで小道をこしらえていく。しらずしらずのうちに小道と小道がつながって、自分たちの活動が刻み込まれたルートが築かれている。外部の者がみてもわからない。しかし確実に存在している。まるで糸と糸をむすびつけ、紐と紐とをつなぎあわせ、線と線とを縫いあわせて編み目や模様をこしらえていくかのように、みずからの生きる力を生長させ、そのテリトリーを拡充していく。予期せぬ共同の生が結ばれていく。生きるということは旅をするのと同じことだ、道をこしらえるのと同じことだ、線をひくのとおなじことだ。生の拡充はとまらない。ザ・ラインズ!

しかもおもしろいのは、インゴルドが、そういう旅こそがそこに住まうことなのだといっていることだ。

居住 *habitation* という言葉で私は、そこに住むためにやって来る人間集団があらかじめ用意された世界のある場所を占める行為を示すつもりはない。居住者とはむしろ、世界の連続的生成プロセスそのものにもぐりこみ、生の踏み跡をしるすことによって世界を織り出し組織することに貢献する者である。[*11]

＊10　前掲、一二七頁。
＊11　前掲、一三三頁。

ちゃんといっておくと、いま流行の多拠点居住のことではない。旅をするようにいろんなところに住まいをもうけたところで、そこでやっていることが、ただ経済活動のためにスピーディにムダなくはたらきましょうというのでは、けっきょく会社のなかで、オンライン上の仕事のなかで「輸送」をしているのと同じことだ。むしろ同じ場所にいながら別次元の道をすすむこと、生の踏み跡をしるすこと、その痕跡の糸を織りなすこと、それが住まうということだ。輸送じゃねえよ、旅行だよ。糸と糸をつなげ。紐と紐をむすべ。紐帯だ。外部からはみえなくてもいい。ムダといわれてもかまわない。「輸送」の権力に縛られるな。目的と必要の世界に屈服させられたくはない。「居住」とはなにか。不可視のテリトリーを築き、支配なき共同の生を紡げ。

道路を踏みはずせ

さて、話をもどそう。わたしはきたろうに出会うまで、この与野で「輸送」の世界に支配されていた。あるのは道路。コンビニにいくため、スーパーにいくため、駅にいくため。どれも経済のため、消費のため、労働のためだ。深夜、アパートの駐車場でタバコを吸っていたら、それだけで不審者あつかい。アパートの掲示板に「通報します」との張り紙をはられ、なにかわるいことをしたかのように思わされる。それもこれも「輸送」のせいだ。わたしがたっているこの場所はすべて物流のために、ヒトやモノを迅速に運ぶために設計されたものだ。なのに、そこでムダにダラダラとタバコを吸っているのがおかしいのだ。駐車場の秩序をみだす「犯罪者」。とりしまりだ。

そういえば、アナキズムの思想家、矢部史郎の『夢みる名古屋』に同じようなことが書いてあった。[*12] 車社会の名古屋では、埼玉などよりも「輸送」のとりしまりがさらに露骨。スーパーのだだっぴろい駐車場に、ひとがたむろすることがゆるされない。それで生まれたのが「口裂け女」、都市伝説だ。「スーパーの駐車場に口裂け女出現！」。ウワサがウワサをよんでいく、バシバシバシバシと伝播していく。目的もないのに駐車場で遊んでいるやつは不審者だ、犯罪者だ、バケモノだ。口裂け女をとりしまれ。道路が政治をはっている。わたしたちの日常が「輸送」の世界に囲いこまれていく。

どうしたらいいか。きたろうだ。さいしょに触れた小説家のY子さんは、「やっちゃんがきたろうを救ったんじゃない。きたろうがやっちゃんを生かしているんだ」といってい

＊12　矢部史郎『夢みる名古屋――ユートピア空間の形成史』（現代書館、二〇一九年）。

た。そうなのだとおもう。もちろん海外だと、政府のおかしな政策を止めるために、高速道路をガツンととめたり、何年もかけて空港建設に反対して勝利をおさめたりと、例に欠かない。だけど、そうやって真正面から「輸送」とたたかうのと同時に、それぞれの日常のなかでどれだけシレっと別の生を紡いでいけるのか、いまこの場に居住できるのか、住まうことができるのかということがだいじなのだとおもう。

わたしの先人はきたろうだ。いちど人間の力がくわわって人工的なネコになる。だがペットではない。その人工性そのものが野良なのだ。自然なのだ。アナーキーなのだ。人間には制御できない「人工物」。それがきたろうだ。さいきんあまりによく食べて、いつも腹が減ったようと催促してくるので、わたしも近所の人たちもアパートの下に皿をおいて、余計にエサをおいておくようになった。きたろうは元気ハツラツ。肉パンパン。さいきん予期せぬ場所でも出くわすようになった。あきらかにテリトリーをひろげている。仲間も増えたみたいだ。深夜、ベランダでタバコを吸っていると、どこからともなくネコの鳴き声がきこえてくる。シャー、シャー。一人ではない、複数だ。夜の集会。きたろうの餌場からみしらぬネコがたちさっていく。さいたまの与野を狩猟採集。そこかしこにネコたちの足跡が刻印されている。ラインズじゃあ。やるな、きたろう。

わたしもきたろうの足跡をおって、一歩ずつ自分の足跡をのこしていく。みえない道をこしらえて、人間ネコに化けていく。この大地におのれの生の痕跡を刻みこめ。「輸送」の世界を離脱しよう。我慢がならねえ、俺たちの道を、決してちぎれぬ強い「紐帯《きずな》」をむすべ。痕跡のアナキズム。あちこちを旅するのではない。いまこの場を旅して住まうのだ。いまここが新天地じゃないのなら、どこにも新天地なんてないんだよ。きたろうが鳴いている。シャー、シャー。道路を踏みはずせ。

第4章

宇宙技芸海賊たちの

たたかうべきだ、逃げるために

海賊珍遊記　ジャックとゆかいな仲間たち

船出だぞ、船出だぞ。このうら船に帆をあげて、自由の風をつかまえろ。てんてん天下の御免丸～♪　とつぜんですが、海賊のはなしをしよう。舞台は一八世紀初頭、カリブ海だ。いわゆる「海賊の黄金時代」。このころカリブ海では二〇〇〇人もの海賊たちが暴れまくっていて、「海のロビン・フッド」ことヘンリー・エイヴリーや、大海賊団を率いていた「黒ひげ」ことエドワード・ティーチ、その戦闘力と残忍さで貿易商を震えあがらせていたバーソロミュー・ロバーツなど、海賊好きじゃなくてもなんとなくしっているような海賊たちが海を荒らしまわっていた時代だ。

なかでも、わたしが好きなのはジョン・ラカム。ジョンは愛称で「ジャック」とよばれるので、ジャック・ラカムということもある。このラカム、いつもキャラコといってインドからもたらされたばかりの白い木綿の服や帽子を身につけていたことから、ついたあだ名は「キャラコ」。ちょっとバカっぽいけど、とにかく派手でかっこよかった。かぶき者だ。しかもよく海賊仲間たちに豪語していたのは「オレはいちどもひとを傷つけたことがないぞ」。強調しておくと海賊である。

みずからの強さを誇示して、荒くれ者たちから尊敬されようとかそんな発想はみじんもない。特技は逃げること。弱くてズルくて情けなくて、おまけに酒と女性にだらしなくて、もうやめてくれというくらいダメダメのオンパレードだ。だけど、そのダメっぷりそのままで海賊業をやってのけてしまうからたまらない。むろん黒ひげ危機一髪、軍艦とドンパチやってしまう海賊もいたのだが、それよりもじつはラカムのほうが海賊らしい海賊だったのではないかともおもう。せっかくなのでどんなひとだったのか、かんたんにご紹介してみよう。ジョン・ラカム伝のはじまりだ。

ラカムは一六八二年、イギリスうまれ。どんな家庭で育ったのか、若いころどんな仕事をしていたのか、まったくわかっていない。きっとほかの海賊の例にもれず、酒とバクチで借金をせおって、そのツケを商船の船長にはらってもらって、その負債を返済するために水夫になってマジで奴隷のようにコキつかわれて、やばい死ぬ死ぬとおもっていたところで海賊におそわれて、捕らえられてさあどうする。「自分、海賊になりたいっス」といったところだろう。

さて、ラカムが文献に登場するのは一七一八年。すでにチャールズ・ヴェイン率いる海賊団のクォーターマスターをつとめるようになっていた。クォーターマスターというのは実質的に海賊団のナンバーツーだ。みんなに不満がないか全体に目くばりをして、ときには船長のまちがいをただしたりもする。いざ戦闘のときにはピストルをぶっぱなし、カトラスという剣を手にもって敵船にいちばんのり。ヒーハー。一味を率いてたたかいにいどむ。ようするに、船長からも海賊の仲間たちからも、いちばん信頼されていたのがこのクォーターマスターだ。

しかしこの年の一一月、状況がかわる。ヴェイン一味がフランスの軍艦とでくわしたときのことだ。さすがに、ふつうにやりあったらかなわない。だけどいまなら相手は油断している。どうせあいつら逃げるだろうとタカをくくっているのだ。急速接近して、敵船に斬りこめばかならず勝てる。ラカムは突撃を主張した。だが、ここでヴェインはビビってしまう。ムリだよ。たたかわずに逃げてしまった。これに不満続出の海賊団。すぐに全体ミーティングをひらいて投票だ。海賊は投票が好き。ヴェイン船長の解任を決めた。代わりに船長に推されたのが、われらがジョン・ラカムだ。ガッテン承知。ふざけんじゃねえとピイピイわめくヴェインと数人の手下たち。ちっ、めんどうくせえな。どうしようか、殺そうか。だが、そこはやさしいラカムである。ヴェインたちを小舟にのせて、食糧をわけておきざりにした。シーユー。

それからしばらく、ラカムは一味を率いて海を荒らしまくった。それでは、せっかくヴェインを降ろしたのだし、ドデカイ商船や軍艦を襲ってガッポリ稼いだのかというとそんなことはない。むしろ逆だ。この時代、商船といっても武装しているし、大きなやつはたくさん大砲を積んでいてめちゃくちゃ強い。そんなのとやりあっていたら、いくら命があってもたりないのだ。だからラカムはとにかく小さくて弱そうな商船や漁船だけを標的にした。圧勝だ。毎日、何隻も捕獲していく。ラカムは超快速の小型帆船を操っていてすばしっこい。軍艦が追ってきても捕まらない。ヒョイヒョイのヒョイだ。神行太保《しんこうたいほう》、ジョン・ラカムの誕生である。

しかし略奪をくりかえしているうちに、ラカムは足を洗いたくなってくる。だって毎日おなじようにはたらいて小銭を稼いでいたら、ふつうに労働しているのとかわりないのだから。それでいて、いつぶっ殺されるかもわからない。海賊はつらいよ。もうあるていどカネはあるし、だれに気がねすることなく酒を飲みたい、セックスがしたい。そのためにもイギリス国王の恩赦がほしい。一七一九年五月、ラカムはニュープロビデンス島のバハマにむかった。そしてその地を治めるウッズ・ロジャーズ提督にこうたのみこんだ。「自分、もともと海賊なんてなりたくなかったんスよ。なのにヴェインのやつに脅されて、ううっ」。ズルい。でもロジャーズ提督はラカムの申し出をうけいれた。こんな小物、殺したところでしかたがない。まもなく恩赦。やったぜ。

それからはもう豪遊だ。レッツ・パーティ。飲んで飲んで飲まれて飲んで。湯水のごとく、カネをつかいまくった。真夜中のバハマでヒャッハー。そんななか、人生で最高最狂の女性にであってしまう。アン・ボニーだ。アンは一七〇〇年、アイルランドうまれ。私生児ではあったのだが弁護士の娘で、金銭的にはなに不自由なく育った。しかしお転婆でとにかく気性が荒い。腕っぷしもよく、ど太い肝っ玉。たとえば、ある若い男がふざけてアンに抱きついてきたときのことだ。デシッ、デシッ。瞬殺だ。ぶん殴って、半殺しにしてしまった。男はしばらく寝こんで起きあがれなかったという。そんななかの女が父親のいうとおりに結婚をして、おとなしくブルジョア夫人になるはずがない。チンピラ男と結婚をして、バハマにむかって駆け落ちだ。レッツ・ラブロマンス。

しかしその男にも飽きてきたころ、いきつけのバーにかぶき者がやってくる。ジョン・ラカムだ。カッコいい。二人はすぐに恋におちた。不倫上等、わたしはセックスがしたいのだ。寝ても覚めても。とりあえず、まえの男と離婚をしたい。だれか離婚の証人になってくれないかとたのんでいたら、それをききつけたロジャーズ提督がアンと母親をよびだした。なんだろう、証人になってくれるのかな。するとロジャーズ提督はこういった。「恥をしれ、このアバズレが！」。ガーン。

このあたまガチガチのキリスト教徒にとっては、家父長制のもとで禁欲的に生きることが道徳のあかし。不倫はみだらであり、不道徳だ。しかも家の主人はあくまで男。女は家の財産であり、男の所有物である。既婚女性が夫以外の男とセックスするのは姦通であり、財産権の侵害にひとしい。悪しき犯罪だ。だからロジャーズ提督はアンにむかってこういったという。「これ以上離婚をしたいというならば、おまえを牢にぶちこんでムチ打ちの刑にしてやるからな。ああそうだ、刑の執行はおまえの大好きなラカムにやらせてやろうか。アッハッハ」。SMプレイかよ。禁欲だ。

それをきいたジョン・ラカム。ぜひもなし。命をかけて駆け落ちだ。国王の恩赦状をやぶり捨て、船を盗んで出航だ。ヨーソロー。ラカム、ふたたび海賊になる。アンもいっしょに海賊になった。アンは男装して、戦闘のときにはわれさきにと敵船にとびこんでいく。めちゃくちゃ強かったらしい。アンちゃん、カッコイイ。そしてこのアン・ボニー、ほんとにエピソードに尽きなくて、ラカムの子どもを産んだりもするのだが、その後、あたらしく一味にくわわった美少年に恋をする。セックスがしたい。それで夜中、そいつをよびだして「じつはわたし女なんです」といって、胸をパッとみせると、そいつも「じつはわたしも」といって胸をみせた。女だ。海賊メアリ・リードである。

メアリは一六八五年ころ、ロンドンの郊外でうまれた。母親が既婚男性とのあいだにもうけた子ども。私生児だ。だけどお母さん、じつは亡き夫とのあいだに男の子をもうけていて、その子がまもなく死んでしまう。これだと、夫の実家から財産支援をうけられない。おカネ、だいじ。ということで、お母さんはメアリを男装させ、男の子として育てることにした。成人しても男装のまま。せっかくだし、お父さんの職業だった海の男になろう。軍艦に乗船。水兵だ。その後、騎馬隊や歩兵にもなって、めちゃくちゃ鍛えられた。マジの軍人だ。そんなメアリがヒョンなことから海賊になって、アンとであった。お似合いじゃないかとおもうのだが、恋愛にはいたらず。二人はきょうだいの契りをむすぶ。生まれたときはちがえども、死ぬときはいっしょだ。ハオ、シスター。

だから、ラカム海賊団は戦闘になると、男装した女性二人が先陣をきってピストルをぶっぱなすという一味だった。そんな光景を想像するだけでもワクワクするのだが、まえにもいったとおり、ラカムのすごさはドンパチよりも、逃げ足のはやさにある。一例をあげよう。あるとき、ラカムはスペインの沿岸警備船にみつかってしまう。その船はすでにイギリスの密輸船を捕まえていて、それをそのままひきつれていた。勝てっこない。逃げよう。だが逃げても逃げても追ってくる。しつこいな。ラカムたちは巨大軍艦には入ってこられない浅瀬に逃げこんだが、敵船は逃げ道をふさいでまっている。どうしたものか。ここで一計。ラカムたちは深夜、ボートをだして敵船にむかう。そして拿捕《だほ》されていたイギリスの帆船にのりこんだ。おもわぬ奇襲にしてやられたスペイン兵たち。なにもできずに船をのっとられてしまった。ラカムたちはそのまま帆をあげて、スーッと闇夜の海に消えていく。これがラカムの海賊技芸だ。

その後もカリブ海を荒らしまわっていたラカム一味。しかし一七二〇年一〇月、あっけなく終わりをむかえる。いままではビーチリゾートとしてしられる、ジャマイカのネグリル岬にいたときのことだ。酒宴をひらいてドンチャン騒ぎをしていたところ、イギリスの軍艦にみつかってしまう。逃げようとするが、ベロベロに酔っぱらっていておもうように船をうごかせない。敵兵が船にのりこんでくる。ギャア。こわいよう。ラカムたちはドタバタと船倉に逃げこんだ。応戦するのは二人だけ。アンとメアリだ。ムカついたメアリ。「おまえら男らしくたたかえよ」。そう叫びながら、味方にむかってピストルをぶっぱなした。ギャア。こわいよう。だれもたたかわない。さすがに多勢に無勢だ。二人はとりおさえられ、ラカムたちもみんな捕まってしまった。一網打尽だ。

一七二〇年一一月一六日、ラカン一味に判決がくだる。全員処刑。首吊りだ。といっても、アンとメアリは妊娠していたため、子どもが産まれるまで刑の執行はまぬがれた。処刑の直前、アンとラカムはいちどだけ面会がゆるされる。ああ、涙のおわかれか。辛気くさいな。そうおもっていたら、アンはラカムにむかってこういった。

わたしはあんたが縛り首にされるのは悲しいよ。けど、あんたがもっと男らしく戦っていたら、犬みたいに吊るされなくてもよかったんだよ。*13

すみません。ジョン・ラカム伝、おしまい、おしまい。ちなみに、メアリは子どもを産むまえに、獄中で熱病にかかって死亡。アンは子どもを産んだあとに釈放されて、姿を消した。ラカムは犬のように吊るされたが、その憎めない性格のためか、民衆に大人気。現在でもいろいろ話を盛られながら、おもしろおかしく語り継がれている。それこそジョンの愛称は「ジャック」だといったのをおぼえているだろうか。公表されているわけではないが、あきらかに『パイレーツ・オブ・カリビアン』の主人公、ジャック・スパロウのモデルである。じっさい、ラカムの海賊旗は黒地に白のドクロ、その下にはカトラスの刃がバッテンしている。ジャック・スパロウの船、ブラック・パール号の旗とおなじものだ。海賊技芸とはなにか。ジャック・スパロウはこういった。「たたかうべきだ、逃げるために」。ジャックとゆかいな仲間たち。海賊珍遊記だ。

こんにちは、コロナです

ちょっと話題を変えるよ。現在、二〇二一年一月八日。じつは去年、クリスマスにコロナになってぶっ倒れていたのだが、ようやく復活。まだ嗅覚は死んでいるし、肺に違和感があるのだけど、そのぶんひと月ほどタバコを吸っていない。ムダに健康的だ。こんにちは、コロナです。

さて、コロナになっておもったのは、ふだんみえなかったものがみえてくるということだ。たとえば病院。埼玉の与野にひっこしてきてから、歯医者以外で町の病院なんていったこともなかったけれど、検査をうけるためにいってみたら、同年代の先生が対応してく

＊13 チャールズ・ジョンソン『海賊列伝（上）』（朝比奈一郎訳、中公文庫、二〇一二年）二三六頁。本書は一七二四年、黄金時代の主だった海賊たちが吊るされた直後にかかれたものだ。ちなみにジョンソンは偽名。ダニエル・デフォーのペンネームじゃないかともいわれている。

れて超親切。そのあとPCRセンターにいったのだが、自宅から徒歩一五分。意外とちかい。そこが深夜もやっている救急病院だった。先生いわく、コロナに治療薬はない。息がとまるかとまらないか、どっちかだ。息ができないとおもったら救急車をよんで、その病院で呼吸をさせてもらうしかない。あとはまにあうかどうかそれだけだ。おっかない話だけど、そこまできくとなんだか腹を括れてしまう。

そうこうしているうちに、友だちが電話をくれて「なにかほしいものはないか。なんでも送るよ」といってくれた。泣きそうだ。まよわず「麦とホップ〈黒〉」と伝えたら「うるせえ」といわれて電話を切られた。チクショウ。その後、母親も電話をくれて、同居しているかの女にうつさないかと心配していたので、かの女に電話を代わったら、母親はこういっていたらしい。「やすしの頭にビニールでもかぶせときなさい」。チクショウ。子なら親も親だ。なにがおこっていたのか。会話のテーマは「死」。それを嘲笑に変えている。死が身近になっている。だけど、その死が笑いに化けたとき、人間の身体は逆にはじけてしまう。ゼロの身体だ。努力しても治せない、なにをやってもムダなのだ。だったら、死んだつもりでなんでもやれだ。どうでもいい、なんでもいい、なんでもできる、なんにでもなれる。死にきれ、生きろ。

いざコロナになってみて、おもったのはそんなことだ。いつもより身体が軽くなったようなかんじだ。このかんテレビやパソコンをひらいていると、自分の実感をこえた抽象的な恐怖にとらわれる。最初は、日本はPCRの検査数が少ないと言っていたはずなのに、毎日、コロナの感染者数や重症者数、死者数のデータがたれながされていると、しだいに「わあ、一〇人も死んでいる」とさわぎはじめる。そしてだんだんと数字に飼い慣らされて一〇〇人死んでもなにもかんじなくなる。感覚がマヒしてくる。だけど、ちょっと感染者数がふえてきて、政府と専門家がこの人口比でこの数字はマズイといいはじめると、もうザワザワ。政府が自粛しろと言ったらだれも逆らえなくなる。逆に低い数字を示されて、政府が安全だと言ったら安全になる。自動的におのずと権力に服従させられるのだ。だけどそれでも言っておきたい。くたばれ、オリンピック。

「人口」という全体を意識させられて、みんなの生命が危ういとおもわされる。全滅の恐怖をうえつけられる。自分の生が無力化される。だってわがままをいっていたら、みんなを死なせてしまうかもしれないのだから。積極的に統治者のいうことをききましょう。もっと統治してもらいましょう。政権批判をしていてもおなじことだ。もっと強力な緊急事態宣言をだしてほしい。もっと強力なテクノロジーで管理してほしい。足並みをみだすやつがいたら、とりしまれ。みんな統治者目線で発言していく。奴隷のくせして主人のまねごと。しらずしらずのうちに、統治者の権力が絶対的になる。コロナのせいじゃない。「人口」のせいだ。数字の権力がわれわれの生を無力化し、他人の生もとりしまっていく。哲学者のミシェル・フーコーはこういう統治技術のことを「人口の生‐政治学」とよんでいた。せっかくなので、このあたりをもうすこしみてみようか。

ミシェル・フーコーの権力論

毎日、おなじ時間に起床して、おなじ時間に通勤電車にのって、おなじ時間に出社して、おなじ時間だけ会社にいて、おなじ電車で帰宅して、おなじ時間に寝床にはいる。コロナでオンラインになっても、きっちりと時間どおりにはたらいてしまう。ちょっと体調がわるいくらいでは休めない。えいっとパソコンのスイッチをいれれば、仕事ができてしまう。わたしなどはコロナでもオンライン授業をやってしまったほどだ。サボれよ。だが身体が勝手にうごいてしまう。労働の身体だ。

いつからこうなったのか。とうぜんながら、こんな生活が人間にとってあたりまえだったわけがない。そもそも人類は二〇万年くらい狩猟採集で生きてきた。あるだけ食って、なくなったら食料を探しにいけばいいだけだ。都市ではたらくにしても、ほんの数百年まえまでは、もっと不規則なはたらきかたをしていた。きっと占いで、きょうそっちの方角にいくのは不吉だといわれたら絶対にいかなかっただろうし、とつぜん雨が降ってきたら嫌になって帰ってしまったかもしれない。暑かったら一日、日陰で寝てすごす。そのほうがふつうだったのだ。

だが一八世紀、ヨーロッパで資本主義がひろまりはじめると事情が変わってくる。資本家たちは労働者を工場に閉じこめて、いつもおなじものをおなじようにたくさんつくらせたい。しかしだれもしたがわない。苦痛だ、嫌だ、やりたくない。ならば強引にでも、はたらく身体をつくりださなくてはならない。ミシェル・フーコーは、そのために二つの権力テクノロジーが発明されたといっている。

1）身体の解剖政治学（規律訓練）

2）人口の生-政治学（生政治）

ひとつ目は個人の身体にはたらきかけるものだ。フーコーは『監獄の誕生』で、このテクノロジーでだいじなのは空間だといっている。[*14] 学校や教会、病院、監獄、工場など、人間の身体をひとつの空間に囲いこみ、その行動をことこまかに監視する。もとめるのは、上からの命令に絶対服従。決められたルールに服従させることだ。規則的な行動を反復させる。遅刻や欠席など、不規則行動をおこしたら懲罰をあたえる。逸脱をとりしまり、なにが「正常」かを身体にたたきこむ。ポイントは監視されている側がすすんで「正常」にふるまうようになることだ。自発的服従。フーコーはここで、有名なパノプティコン（一望監視施設）をもちだす。

パノプティコンとは、イギリスの功利主義者、ジェレミー・ベンサムが考案したとされる監獄施設のことだ。監獄のど真ん中に監視塔をたてて、そこから看守がグルッとみまわせば、囚人を一望できるようになっている。逆に、囚人からは看守がみえない。いるか、いないかもわからない。その状態でなんどかわるさをして罰をうけていると、たとえ看守がいなくてもいると想定してうごきはじめる。自分の意思で「正常」にふるまおうとしてしまうのだ。看守のまなざしが内面化される。たえず他人の目を気にして生きる。規律訓練ってなんですか。服従はつらいよ。

しかし、これではたりない。どんなに個人の身体を調教して、自発的に服従するようにしつけたとしても、そこには自発的にしたがわないという道がのこされているからだ。もし労働者がなんのわるさもしていないのに工場をクビにされたら、怒って反乱をおこしかねない。問答無用で隷従させたい。フーコーは一八世紀後半にもうひとつの権力テクノロジーが生れたといっている。「人口の生政治学」だ。このテクノロジーは規律訓練とは別のロジックでうごいていて、個人の自発的な意思をこえて、もっと大きなものを意識させてひとをしたがわせる。

規律的ではないこの新しい権力の技術が適用されるもの、それは――身体に向けられる規律とはちがって――人間の生命なのです。あるいはこれが向けられるのは、人間-身体ではなく、生きた人間、生き物としての人間です。突きつめて言うと、人間-種なのです。より正確に言えばこうなるでしょうか。つまり、多数の人間が、監視され調教され、利用され、場合によって罰せられるべき個々の身体となりうる、なるべき場合には、規律がこの多数の人間を管理しようとします。そして配置される新し

＊14　ミシェル・フーコー『監獄の誕生』（田村俶訳、新潮社、一九七七年）。

い技術のほうは、多数の人間に向けられるわけですが、こちらは人間を単なる身体としてとらえるのではなく、その反対に、多数の人間を生命に固有のプロセスの全体、つまり誕生とか死とか生産とか病気などのプロセスを備えた大きな塊《マッス》としてとらえられるのです[*15]。

さきほどいった「人口」の権力だ。「人間の生命」「人間-種」の危機をつきつけて、個人の生を無力化してしまう。いや、かれらが示す数字にだれもがおのずと従ってしまうのだ。「種」全体のことを考えたら、自分が犠牲になるのはあたりまえだ。統治者の命令が絶対になる。ちなみに、コロナみたいなパンデミックのレベルではなくても、現代の企業はずっとこのテクノロジーをつかってきた。赤字が膨らんだら、会社が潰れて生きていけない。その数字をつきつけて、会社という「生命」の危機をあおる。緊急事態だ。大量リストラで会社をすくう。逆らえない。なにせみんなの「生命」がかかっているのだから。会社のトップは良心の呵責もかんじない。赤字が黒字になるだけだからだ。生政治ってなんですか。数字はヤバいよ。

船長がコワい

さて、ここからが本番だ。歴史学者のマーカス・レディカーは、フーコーとおなじように一八世紀、資本主義の形成期に、いかにして労働する身体がつくりだされたのかに注目したひとだ。[*16] しかしフーコーとちょっとちがうのは、イギリスやフランスなどヨーロッパ国内をみるだけでは不十分だといっていることだ。レディカーはいう。工場の労働規律にしても生政治にしても、あきらかに非人間的だ。ふつうだったらやらないだろう。なぜやるようになったのか。

ひとつは植民地のプランテーションだ。綿花やタバコ、砂糖を大量生産するために、黒人奴隷たちをできるかぎり効率的に活用していく。非人間的でもかまわない。上からの命令には絶対服従。はたらく身体に意思はいらない。毎日、機械的にマニュアル作業を反復

＊15　ミシェル・フーコー『ミシェル・フーコー講義集成（6）社会は防衛しなければならない』（石田英敬、小野正嗣訳、筑摩書房、二〇〇七年）二四二頁。

＊16　フーコーの権力論とレディカーを結びつけて考える点については、ガブリエル・クーン『海賊旗を掲げて』（菰田真介訳、夜光社、二〇一三年）を参考にした。

させて、逃げたり、逆らったりしたらムチうちの刑。権力が一方的に行使される。それがゆるされる空間に人間を囲いこみ、人体実験よろしく規律訓練をほどこしていく。そしたら資本家はボロもうけ。これはいいとヨーロッパにも逆輸入。人間どもを工場のなかに捕獲しろ。プランテーションは工場労働の先駆けだ。[*17]

もうひとつは洋上にうかぶ船である。一八世紀、資本主義の根幹をなしていたのは大西洋貿易。ヨーロッパから西アフリカにいって、黒人奴隷を買いとって、アメリカ大陸につれていく。奴隷を売りはらい、プランテーションで酷使する。あとはそこで生産されたタバコや綿花、砂糖をヨーロッパにもちかえればいいだけだ。これがヨーロッパの経済をささえ、莫大な富の蓄積をもたらした。いちどの航海には何億円もの利益がかかっている。貿易商の代理人、船長の責任は重大だ。だから国家は貿易商の私有財産をまもるために、船長に絶大な権力をあたえた。

船長の権力は絶大なものだった。急速に拡大する国際的資本主義経済において、その要ともいえる位置を占めていたからである。彼らの権力は海事上の習慣に由来するものであったが、のみならず、法律や社会的地勢もそれを支えていた。世界の市場を結びつける航海の間、船長には、乗務員の「服従と規律」維持のための体罰の使用が、国家によって認められていた。船長の権威に逆らえば、裁判所において、反乱あるいは暴動と見なされ、両者は絞首刑が適用されうるものであった。社会の統治機構からはるかに離れ、地理的に隔絶されているがゆえに、船長の権力は肥大し、正当化されたのである。[*18]

ようするに、船上は合法的な無法空間だということだ。日常的な例外状態。陸ではゆるされない懲罰も、海にでたらゆるされる。船長がルールであり、法である。専制君主よろしくなんでもありだ。もともと大西洋にでてしまったら逃げ場なんてないし、だれの目もとどかない。船長のやりたい放題だったのだが、それが国家公認の事実になったのだ。水夫たちは帆船という「機械」をうごかすために、規則どおりにはたらくことがもとめられる。船長の命令は絶対だ。

＊17　このあたりのことをもっと詳しくしりたいかたは、C・L・R・ジェームズ『ブラック・ジャコバン』（青木芳夫監訳、大村書店、一九九一年）をどうぞ。

＊18　マーカス・レディカー『奴隷船の歴史』（上野直子訳、みすず書房、二〇一六年）一七二頁。

逆らえば、ひどい暴力にさらされる。逆らっていなくても、船長は自分の威光をしめすために暴力をふるう。たとえば、荷物の抜きうちチェックをやって、だれかしらスケープゴートをえらぶ。そして、船の物資を盗んだといいがかりをつけて懲罰をくわえるのだ。みせしめに、みんなのまえでムチをうつ。「猫鞭」といって名前だけはかわいいが、九本の縄でできていて、先っちょに結び目がついたムチをふるう。人間が最も痛くかんじるようにつくられたものらしい。ビシッ、ビシッ。ギャア。

このころの航海日誌をひもとくと、拷問の例にこと欠かない。ネズミとゴキブリがぎっしりつまった樽のなかに閉じこめるとか、親指に鉄の器具をとりつけて、ちょっとずつひき締めていくとか、いろいろやっていたようだ。最終的には海に放出。とくに奴隷船などは死者がおおかったので、ひとが死ぬたびに海に捨てる。それをみこして、船にはいつもサメがついてくる。そこに反乱者たちを捨てるのだ。ズボーン。正真正銘、血の海だ。そんな恐怖のスペクタクルをみせられたら、だれもが船長にしたがってしまう。ただしたがうのではない。なにもしていなくても、船長にムカつかれたらムチをうたれるのだ。痛いおもいをしないためには、もっと積極的にしたがうしかない。文句をいっているやつがいたら即密告だ。奴隷根性どんとこい。「服従と規律」の身体がつくりだされる。

それだけじゃない。船の上ではドンピシャで「生政治」がくりひろげられていた。いちど航海にでると何か月も密室に閉じこめられる。大きな人間の塊だ。そこにマラリア、黄熱病。感染症でパンデミックになれば一巻の終わり。全滅だ。当時は原因不明の壊血病も船乗りに恐れられていて歯が壊死してしまったり、潰瘍ができて両足切断。最悪の場合、死にいたる。労働も過酷で免疫力がおちていたから、ほんとうによくひとが死んだ。じっさい水夫の死者数は奴隷船でつれていかれた奴隷の死者数よりもおおかったという。どれだけ死者数を減らせるか。水夫たちが「人口」になる。健康管理のためならば、船長はなにをやってもかまわない。両足をなくし、高熱をだしてうごけないやつがいたら港におきざり。役にたたないばかりか、病気をうつすかもしれないからだ。「人口」維持のためのナイス判断。マジの極悪非道だ。

もうひとつ、船長の権力を絶大なものにしていたのは食糧管理だ。何か月も航海をするのに、わがまま放題に飲んだり食ったりして、水と食糧が尽きてしまったら全滅だ。「人口」を維持するために、船長に食糧配分の権限がゆだねられる。船長のなかにはそれを悪用し、みずからの権威を高めようとするやつもいたようだ。よくやられていたのは支給制限。食糧の配給をときどきケチる。ただでさえ暑さでとろけた塩漬け牛肉と、ウジのわいたクッキーしかもらえなかった世界だ。その分量すら減らされたら、ひとたまりもない。水夫たちはヘロヘロだ。しだいに反抗する元気もなくなって、「ああ、神さま、船長さま。なんでもいたしますので、どうかお救いください」とへつらいはじめる。屈強な水夫もお手あげだ。酒が飲みたい。

まとめておこう。一八世紀初頭、まだ陸に工場が建てられるまえ、海では労働規律と生政治が実践されていた。じっさい洋上にうかぶ船は工場の語源でもある。レディカーによれば、「ファクトリー」は「ファクター」という語に由来するのだが、そのファクターとは商人のことを意味していた。そして、その商人たちが外国で交易するための施設がファクトリーである。たとえば、西アフリカの海岸にきずかれた要塞や交易所。あとは物資をはこんでいく巨大商船がファクトリーだ。遠洋船は工場の先駆けではない。工場そのものだ。いまわたしたちにとってあたりまえになっている労働の身体。それは海をうごく工場でつくられたものだ。船長がコワい。

なまけろ、ずるしろ、はたらくな

さて、そんな商船が海賊たちに襲撃される。みんな捕らえられて、縄でグルグル巻きにされてしまった。リーダー格の海賊が水夫たちにたずねてまわる。「おまえらの船長はどうだい」。ありのままにこたえると、海賊は船長めがけて鉄砲をぶっ放した。デーン。船長のあたまがふっとんだ。わーい。歓声があがる。すると海賊がきいてくるのだ。「港についたら元の生活にもどりたいか。それともオレたちといっしょに海賊になるか」。もちろん海賊にレッツゴー。水夫、海賊になる。

マーカス・レディカーは、おおくの船乗りが海賊になった理由を、ひどい労働環境にもとめている。[*19] いつもむちゃくちゃ不衛生なところに閉じこめられて、長時間労働を強いられる。クサイ飯に水もあたえられず、文句をいえば暴力の恐怖。なにより船長の専制権力がゆるせない。弱い者をいたぶるだけではない。一人だけうまい飯を食って、たらふく酒を飲んで、水夫たちにはシケた飯すらケチるのだ。ぶち殺してやる。そうおもっていたら海賊登場。それは仲間になるだろう。船乗りが海賊になるとはどういうことか。労働の拒否だ。工場を突破せよ。

＊19　以下、マーカス・レディカー『海賊たちの黄金時代』（和田光弘ほか訳、ミネルヴァ書房、二〇一四年）を参考にした。

だから、海賊の船長は一般的なイメージとはずいぶんちがう。横暴な船長が手下をふるえあがらせてむりやり服従させるとか、そんなことはしない。それは商船の船長がやっていたことだ。海賊たちは、なによりも船長の専制権力をきらう。海賊の船長が絶対的な権力をもつのは、いざ戦闘になったそのときだけだ。それ以外では、だれも船長の命令にしたがう義務はない。逆に船長はこれからどうするべきか、なにをしたいのか、みんなの意見をきいてまわって、その調整をはからなければならない。ときに酒でもてなし、機嫌をとってみんながおもっていることをはなしてもらう。自分のことはさしおいて、みんなのことを考える。それが船長の役割だ。

もし船長が身勝手なふるまいをしたらどうなるか。海賊たちはすぐに全体ミーティング。だれかが「こいつは船長にふさわしくない」と提起すると、その去就をめぐって票を投じる。最初にお話ししたジョン・ラカムとヴェイン船長のことをおぼえているだろうか。わたしは多数決がキライだが、いつでもだれでもよびかけることができて、ただ権力者の力をうばいとるために、うりゃあと票をぶん投げるだけならいいのだとおもう。海賊のほとんどは元水夫。その経験から、心からおもうのだ。海賊に主人はいらない。権威なき首長制。反権威主義だ。

分け前についても、もうラジカルというくらい平等主義。成果主義ではない、賃金制度ではない。船長ひとりのものでもない。みんなでうばいとった物資なのだから、みんなの共有財産だ。分け前の比率はみんなを一としたら、船長が一・五。船長のほうがちょっとおおいけど、だいたいその分は酒をおごってすぐに消える。商船時代であれば、水夫の給料が年収四五万円だとしたら船長は一〇〇〇万円。おおいひとでは三〇〇〇万円くらいうけとるときもあった。超格差社会だ。

それに海賊たちは、手足や目をうしなったものにたいして、とにかくやさしい。商船時代、暴虐な船長にやられたことをおぼえているからだ。病気になってうごけなくなり、ケガをした仲間がおきざりにされる。賃金も支払われない。悔しい。だから海賊たちは、しきたりとして障害を負ったものに特別手当てを支給することにしていた。社会保障だ。もちろん眼帯や義手、義足をつけてでも海賊業をつづけたいというのなら、いっしょにやろうぜだ。ぜったいに見捨てない。商船の船長からしたら、障害者は異常な身体でしかないだろう。だがその異常さにひらきなおり、武器に変えるのが海賊だ。たとえばピーターパンの宿敵、フック船長をおもいうかべてほしい。カギ爪の義手。おっかない。もはや義手も義足も弱さではない。そのアブノーマルこそが海賊の強さのシンボルだ。

海賊たちの異常な身体。それは労働の規律からも逸脱していく。積み荷をはこぶにしてもダラダラ、ダラダラ。おまえら何時間かけているんだというくらい、のんびりと作業をする。暑い、だるい、かったるい。酒が飲みたい、タバコが吸いたい、セックスがしたい。海賊史家のピーター・ラインボウ・ウィルソンによれば、海賊にとってだいじなのはこの一点なのだという。

海賊業は、ゼロ労働精神の極端なケースだとみなされうる。どういうことかというと、五、六ヶ月間、当地のカフェでダラダラしながら、夏になるとすがすがしい青い海で船に揺られ、数時間だけ気張ってがんばる。すると、あっという間にもう一年、ダラダラするカネのでき上がり。[*20]

ゼロ労働精神だ。商船を略奪し、遊べるカネができたら、それ以上ははたらかない。あるだけつかえ、遊んでくらせ。レッツ・パーティ。なくなったら、また遊ぶためのカネをつくればいい。できるかぎり、はたらかない。毎日、あたりまえのようにはたらいて、クタクタになるまでコキつかわれるなんてまっぴらごめんだ。「服従と規律」をたたきこまれたこの身体。元水夫たちが自分のあたりまえをひっぺがす。あたりまえのようにダラダラしたい。遊ぶことだけ考えていたい。どうやったらはたらかないでいられるのか。身体が勝手にサボりだす。なまけろ、ずるしろ、はたらくな。

じっさい海賊たちははたらいているときも、どうやったらはたらかなくてすむのかを考えている。これは北アフリカの海を荒らしていたバルバリア海賊についての記述なのだが、さきほどのピーター・ラインボウはこういっている。

ロウや黒ひげのように、文字どおりの意味で、海のサディストだった海賊もいたようであり、そうした類の海賊をサレーがひきつけたのもまちがいない。だが実のところ、こうした戦いは危険で重労働であった。海賊が興味をもっていたのは略奪品であって、「栄光」ではなかったし（中略）、男らしさでもない（中略）。海賊は勝てるなら喜んで「意気地なし、いじめっ子」と呼ばれた。したがって、海賊が依拠したのは、まずなによりも策略やカムフラージュであり、マスケット銃や三日月刀を振りかざすの

＊20　ピーター・ランボーン・ウィルソン『海賊ユートピア』（菰田真介訳、以文社、二〇一三年）一八八頁。

は最後の手段でしかなかった。[*21]

真正面から敵と戦って、軍事力で勝負。エドワード・ロウや黒ひげのように、それで勝利した海賊もいたことはいたのだが、毎回、そんな「重労働」をさせられていたのではたまらない。仮に勝ちつづけたとしても、そのときは海賊が軍隊や工場組織のようになってしまうだろう。海賊にしても戦闘のときは船長が絶対だ。上意下達の組織になる。そんな戦闘がつづいていたら、その例外が規則になる。専制君主きどりの船長に命じられて、「重労働」を強いられるのだ。それが嫌で海賊になったはずなのに、敵より強くあるために敵みたいになってしまう。アベコベだ。なにが海賊だよ。

だから、真に海賊らしい海賊はジョン・ラカムだ。栄光なんていらない。男らしさなんていらない。はたらきたくない。楽して略奪したい。そのための技術を発明していく。「意気地なし、いじめっ子」。商船を襲うにしても正面からはいかない。イギリス船を襲うとしたら、こちらもイギリス国旗を掲げてちかづいていく。そして無防備な相手のまえに踊りでて、とつぜん国旗をおろし、海賊旗を掲げてヒーハー。さけび声をあげながら敵船にのりこむ。敵はもうびっくら仰天。なにもできずに降参だ。あるいはいじめっ子よろしく、相手の船よりも海賊船のほうが大きくて、その数も圧倒的におおかったなら正面衝突だ。もちろん軍艦とでくわしたら、奇襲でもないかぎり戦ったりしない。逃げろ。海賊はすばしっこい。小型の船をつかって浅瀬に逃げこみ、そこに巨大軍艦を誘いこむ。ドカンと座礁だ。やったぜ。そのスキにスルスルと逃げていく。

なにをやっているのか。海賊だ。われわれは敵とおなじ土俵で戦ったりはしない。そんなことをしてしまったら、対称的な闘争の果てに自分が敵みたいになるだけだ。「重労働」。だから、ジョン・ラカムは敵に非対称的な闘争をしかけていた。こちらの土俵は「ゼロ労働」。はたらく身体のたたかいかたではない、正規兵たちのたたかいかたではない。サボる身体のたたかいかただ、非正規兵たちのたたかいかただ。海賊はパルチザン。それが正規兵たちを翻弄し、圧倒的な強さをほこっていた。だからラカムがアン・ボニーに最後にいわれたあの一言は、ディスりじゃなくてホメことばだったのだとおもう。「あんたがもっと男らしく戦っていたら、犬みたいに吊るされなくてもよかったんだよ」。なまけろ、ずるしろ、はたらくな。意気地なし。

*21 前掲、一八八頁。

非対称的な闘争をくりひろげ、自発的な狂気を突きぬけろ

そんな海賊の黄金時代も一七三〇年までに終わりをむかえる。主だった海賊たちが討伐されて、あの世へ旅だってしまったからだ。一七一三年以降、ヨーロッパ諸国は海賊征伐に本腰をいれはじめる。それまでイギリスもスペインもフランスも、大西洋貿易の覇権をめぐって争っていて、そのために海の無法者たちが役にたった。国家が公式に許可状をだして、敵国の商船や軍艦を襲わせたのだ。私掠船である。だけど一七一三年、スペイン継承戦争が終わると、海上はイギリスの天下。もう私掠船は必要ない。お払い箱だ。だが、そうは問屋がおろさない。無法者たちの宣戦布告だ。だれの許可もいりはしない、われわれはただはたらかないで、ラクして生きるために略奪をおこなうのだ。どの国家にも属さない。もはや私掠船ではない。純粋海賊だ。

しかしこれで海賊たちは命を縮める。なにせ、大西洋貿易はヨーロッパ経済の要であり、国家身体の血液だとみなされていたくらいなのだから。この海上輸送がうまくいかないかぎり、資本主義に未来はない。なにより「服従と規律」にしたがわず、好き勝手に生きている連中をのさばらせてはおけない。はたらかないでたらふく食べられて、しかものびの

び楽しく暮らしていけるとわかってしまったら、だれも工場ではたらこうとしないだろう。そんなやつらは血祭りにあげるしかない。権力者たちはこういった。海賊は「万国の敵」であり、「人類共通の敵」である。やつらは統治そのものを破壊する「悪魔」なのだ。人間ではない。どんな非道な手段をもちいても、われらの海を浄化せよ。悪とたたかうヒーロー。仁義なき聖戦だ。

その後、海賊たちはのきなみ殺られていくのだが、それにしてもおどろかされるのは一七二〇年代初頭まで海賊になるものたちが後を絶たなかったことだ。労働環境の過酷さもあったとおもうが、そればかりではない。「生政治」だ。商船にのせられていたころ、水夫たちはたえず死の恐怖にさらされてきた。パンデミックと全滅のスペクタクル。自分の力ではどうしようもない。それでみんな無力化されて、船長に絶対服従を強いられてきたのだが、ふとした瞬間にその恐怖自体がパンクしてしまう。どうせひとは死ぬ。なにをやってもしかたがない。だったら死んだつもりでなんでもやれだ。水夫たちが続々と海賊に化けていく。狂気にむかって突っ走れ。猪突猛進！

ちなみに、海賊旗は「ジョリー・ロジャー」とよばれるのだが、それは「悪魔」を意味する俗語「オールド・ロジャー」からきているともいわれている。この世ならざるものたちだ。その旗には黒地に白いドクロ。ものによってはガイコツが矢をにぎっていて、心臓を突き刺していたり、砂時計をもっていたりする。ドクロは死の、矢は暴力の象徴だ。砂時計は「オレたちに時間はない」を意味している。では、海賊たちがジョリー・ロジャーを掲げるとはどういうことか。いま死ぬつもりでうごきだせ。資本主義の心臓に鉄槌をくらわせろ。オレたちに未来はない。海賊はノーフューチャー。

だから海賊たちは底抜けにあかるい。捕まればすぐに縛り首。いま死ぬかもしれないのにシケた顔をしていてもしかたがないだろう。明日の仕事にそなえて、きょうは我慢だといっていたらなにもできずに終わってしまう。明日やろうはバカ野郎だ。いまここで、この世の快楽をむさぼり尽くせ。ワインにラム酒、ブランデー。大量の酒を収穫したら、いま死ぬつもりで大宴会。飲み尽くせ。泥酔してからが勝負。正気をうしない、自分がぶっ壊れるまで飲みまくれ。おしまいの人間たち。悪魔になって乱痴気騒ぎだ。海賊たちの格言である。泥酔しないやつは悪人にほかならない。

だんだん、死がちかづいてくる。しかし海賊たちは死が身近になればなるほど陽気になっていく。おおくの海賊は自分の最期を決めていたようだ。どうせ死ぬなら派手にいきたい。船倉に火薬の樽をならべて、そこに火を放ってドッカーンだ。敵に攻めこまれて、もうダメだとおもったら、船ごと自分をふっとばす。もし捕らえられたら絞首刑になって吊るされて、その死体がみせしめにつかわれることだろう。お断りだ。たとえ死んでからでも、資本家の役にたつことなどしたくない。自分の身体を無用にしたい。究極のゼロ労働精神だ。おのれのエネルギーを燃焼させろ。燃やし尽くしてゼロになれ。人生最大の祝祭を決行したい。世界の果てまでヒャッハー。死にきれ、生きろ。

そんな準備をしておきながら、誰一人として爆破はかなわず、お縄になって縛り首。みんなあの世に往ってしまった。あばよ。これでもう海賊の時代は終わってしまったのだろうか。海はカネもうけのための輸送ルートにすぎなくなってしまったのだろうか。海の悪魔たちはなりをひそめてしまったのだろうか。否、否、否。三たび否。黄金時代の海賊たちは吊るされてしまったけれど、そのワクワクするような冒険譚は大人に子どもみんなに語り継がれ、その精神はかたちを変えてなんども蘇っている。

たとえば一七六八年、ロンドンでは賃金に不満をもった水夫たちが港に停泊していた船という船にのりこんで、その帆をひきずりおろした。はたらかない。じつはこの「帆をおろす」行為を、英語では「帆をストライクする」という。ストライキの語源だ。一七七五年にはリバプールで大暴動。三〇〇〇人もの水夫がたちあがり、やはり帆をストライク。

そして武器庫をおそい、武装して貿易商たちの邸宅にのりこんだ。ここぞとばかりに高級家具を破壊していく。そして船に積まれた大砲をドスン、ドスンと取引所にぶちこんでいく。海賊かよ。このインパクトが半端なかったのだろう。その後、ストライキは陸の工場にも伝播していった。いくぜ、ラッダイト。

ずいぶん長くなってしまったので、そろそろ終わりにしよう。さいきん、わたしは「宇宙技芸」ということばにハマっている。誤解しないでほしい。宇宙海賊の話がしたいのではない。香港の哲学者、ユク・ホイのことばで、どんな技術にもそれぞれ固有の世界観、自然観、ようするに「宇宙」がともなっているということだ。[*22] 一八世紀、大西洋を行き来する商船は最新の機械であり、テクノロジーそのものであった。そして、それはあきらかに資本主義という宇宙にとり巻かれていた。だとしたら、海賊船には海賊船なりの宇宙があるはずだ。ゼロ労働精神。非対称的な闘争をくりひろげ、自発的な狂気を突きぬけろ。いまわたしたちはたえざる緊急事態、合法的な無法空間に閉じこめられている。しかしわかりやすく目にみえてくるのは統治者側のテクノロジーばかりだ。そこから行方をくらますための闘争の技術はどこにあるのだろうか。ジョン・ラカムをよびもどそう。海賊たちの宇宙技芸。たたかうべきだ、逃げるために。

＊22　ユク・ホイ「百年の危機」（『ゲンロンα』伊勢康平訳、二〇二〇年六月一三日配信）がおもしろかった。

第5章 アンダーコモンズ！

『ランボー、怒りのハリエット』

やっちゃえ、ハリエット

去年の一一月のことだ。ひょんなことで、映画を何時間もぶっとおしでみることになってしまった。そう、あれは木曜日の深夜。わたしは金曜日に大学で世界史の授業をおしえているのだが、そのときテーマにしようとおもっていたのが、一九世紀アメリカの奴隷解放運動。「地下鉄道（Underground Railroad）」をとりあげようとおもっていた。奴隷廃止論者たちの秘密結社だ。当時、アメリカでは北部諸州でこそ奴隷制が廃止されはじめていたのだが、南部ではそうはいかない。綿花のプランテーション、そのほとんどが奴隷労働でなりたっていたからだ。

リベラルな政治家や知識人たちは世論をうごかして、少しずつ奴隷解放にすすんでいけばいいと言っているけれど、そんな悠長なことをいっていたら、いつまでたっても奴隷制廃絶などできはしない。というより、いま虐げられている者たちはどうなるのか。踏みにじられてコキつかわれて、折檻、拷問、リンチ、レイプ。ざけんじゃねえぞ。いまここでなにもしなかったら、一生なにもしないままなんだよ。非合法上等。秘密裏に逃亡ルートを用意して、黒人奴隷たちを北部に逃がす。「地下鉄道」だ。

「車掌」とよばれる活動家たちが、こっそり南部のプランテーションに忍びこみ、「乗客」

をつれて出発進行。奴隷をつれさり、突っ走る。進路は北へ。そんな「車掌」たちのなかでも、圧倒的な魅力を放っていたのがハリエット・タブマンだ。ハリエットは一八二〇年、アメリカのメリーランド州ドーチェスターうまれ。黒人奴隷の娘で、本人も幼いころから女中のようなことや、農園で奴隷としてはたらかされていた。奴隷主がひどいやつで「おまえ気にくわねえ」と因縁をつけられ、よく殴られた。そのせいでテンカン持ちになってしまったという。ちくしょう、耐えろ、どうしようもない。

その後、自由黒人と結婚をしたのだが、一八四七年、自分だけ家族とひきはなされて、別の奴隷主に売っぱらわれることがわかった。もはやこれまで。耐えるな、逃げろ、突っ走れ。黙ってひとり逃亡を決意。家族をおいてダッシュで逃げた。猛スピードで走って逃げる。奴隷主につかまったら、ボコボコにされてムチをうたれたり、バシバシ焼き印をおされたり、手足の骨を砕かれたり、二度と逃げられないようにアキレス腱を切られたりする。嫌だ、嫌だ、嫌だ。夢中で逃げた。たどりついた先は北部フィラデルフィア。ドーチェスターからの距離は、なんと一六〇キロだ。飲まず食わずで走りきった。化け物。もとい、神業だ。もうこの時点で伝説なのだが、それにしてもよほど屈強な体をしていたのだろう。すごいよ、ハリエットさん。

しばらくフィラデルフィアで平穏にすごしていたハリエットだったが、とつぜん状況が悪化する。一八五〇年、「逃亡奴隷法」が成立したのだ。それまでアメリカでは奴隷制をみとめるかどうかについては、州ごとに権限があたえられていた。だから逃亡奴隷たちはとにかく北部に逃げこめばよかったのだが、これからは違う。たとえ北部といえども、逃げた奴隷はつかまえてよいということになったのだ。南部の奴隷主たちは銃で武装したチンピラたちを雇いいれ、北部の州に追っ手をはなつ。奴隷狩りだ。逃亡を補助した場合、白人といえども罪に問われる。こりゃ、どえれえ法律だァ。

「地下鉄道」のみんなは動揺の色を隠せない。あきらめムードだ。なにせアメリカのどこにいってもダメなのだから。しかしここで俄然やる気をだしてしまったのがハリエット。秘密会合にやってきて、わたしも仲間にいれてよと言ってくる。そしてガンガン、アジるのだ。アメリカ北部も危ういのならさらに北、自由の国カナダまでいけばいい。われわれは何千キロでも突っ走るのだと。

それからのハリエットは神がかっている。有言実行。まわりからは危険だ、やめろと言われても、ハリエットはききやしない。「わたし、失敗しませんから」。自分には神の声がきこえるというのだ。イカれているぜ。南部の奴隷主たちが追っ手をはなち、血眼になって逃亡奴隷を探すなか、ハリエットは逆に敵の牙城へとのりこんでいく。スゥッと農園にやってきて、奴隷たちをつれさっていく。「車掌」を務めた回数は全部で一九回。自分の家族もふくめて、およそ三〇〇人の黒人奴隷を逃亡させた。「地下鉄道」が逃がした奴隷の人数が六〇〇〇人といわれているから、どんだけだ。まるで古代エジプトからユダヤ人を脱出させたモーセである。ついたあだ名は「黒いモーセ」。その極意はただひとつだ。やっちゃえ、ハリエット。

わたしなどは、こんなおもしろいひとを調べはじめたら、もうワクワク、ドキドキしてしまう。正直、パッと本を読んだだけでも興奮、熱狂だ。[*23] 大学でもこのはなしをしようとおもって準備していたのだが、せっかくいまはオンライン授業。なにかいい映像資料でもないかと探していたら、ドンピシャでアマゾンプライムにいいのが入っていた。映画『ハリエット』(二〇一九年公開)だ。ナイスタイミング。だけどこの時点で朝の六時。映画はおよそ二時間。授業は正午からだ。ねむい、でもみたい。ええい、みちゃえ。もうパ

*23 さいきん、たてつづけにハリエットの評伝が刊行されている。たとえば、上杉忍『ハリエット・タブマン 「モーゼ」と呼ばれた黒人女性』(新曜社、二〇一九年)をどうぞ。

ソコンにかじりつくように映画をみはじめた。

しかしこれがざんねん。マジでつまらなかったのだ。誤解のないように言っておくと、お金と時間をかけてつくった感はあるし、勉強にもなる。俳優さんたちもがんばっていた。しかしハリエットの描きかたがクソなのだ。奴隷解放のために、こんなに献身的で、こんなにすばらしい行いをした、こんなに立派な女性活動家がいましたよと。まるで道徳の教科書でも読まされているようだ。鼻につく。

ハリエットが神や英雄に祭りあげられる。もちろんハリエット自身、神がかりをおこして「神の声がきこえます」と言っていたのだが、そこはチャハッと笑ってテンションをあげるところだろう。だけどこの映画では、そんなぶっとんだシーンさえ感動の一場面になっている。たすけられた奴隷たちも膝をついて拝みだす。神格化だ。偉大な人物の偉大な物語が上からおしえさとされる。悪と闘うヒーロー。反差別の正しいモラル。絶対正義に絶対服従。あらたな神話がたちあがる。みんなの思考が奴隷化していく。奴隷解放の映画があらたな奴隷をつくりだす。アベコベだ。

あなたのハートをわしづかみ

午前八時、わたしの気分はマジでブルー。ダメだ。こんな精神状態では寝られない。藁にもすがるようなおもいで、アマゾンプライムをピコピコやっていると、ちょうどいい映画がみつかった。『ランボー　ラストブラッド』（二〇一九年公開）だ。あのシルヴェスター・スタローン扮するランボーシリーズの最新作にして、最後の作品である。いや、わかっているのだ。どうせトンデモ映画であることは。

おもえば一作目『ランボー』（一九八二年公開）からヤバかった。ベトナム帰還兵であるランボー、無職。街をフラついていると、なにもしていないのに警官に不審者扱いされて、逮捕、リンチ。この浮浪者めと。ブチキレたランボーは警官をぶちのめし、山に逃れてゲリラ戦だ。最後は街にもどって武器をうばい、機関銃でガソリンスタンドを爆破。街を火の海に陥れた。そして交番めがけてぶっぱなすのだ。ズデデデデーン。内戦だ。うおおお、オレの戦争はまだ終わっちゃいない。

中学生のころだろうか。この映画をテレビでみてオッたまげたのをおぼえている。血沸き、肉躍る。なにせ街が炎上し、怒り狂った兄ちゃんが交番に機関銃をカチこんでいるのだから。しかも、なんだこの映画はとおもっていたら、ちょうど一九九二年、ロサンゼルス大暴動だ。黒人の兄ちゃんたちが警官どもをぶちのめし、街を火の海に陥れている。映画の趣旨とは関係なく、なぜかランボーがこの光景とつながってしまう。それからついつい、ランボーファンになり、シリーズ全作をなんどもみてしまった。そして今作がラスト。老いぼれたランボーがどうなったのか。この時点で午前九時だ。みるしかない。

舞台は現代、アメリカの片田舎だ。ランボーは古くからの友人マリアとその孫娘とともに、馬を飼育する牧場をいとなんでいた。このまま余生をすごしたい。だが、孫娘が高校を卒業し、大学に進学するというときのことだ。こういいはじめる。メキシコにお父さんを探しにいきたいと。お母さんはすでに亡くなっていたが、別れたお父さんがメキシコにいたのだ。せめていちど会ってみたい。娘さんのことばをきいて、ランボーはこう言い放った。「ダメだ、メキシコなんて。あそこには犯罪者しかいないんだぞ」。差別発言でございます。むろん娘さんはきかず「おじさんはなにもわかっていない」といってメキシコにいってしまう。その後、何日たっても帰らない。心配だ。ランボー、メキシコにいく。

すると娘さん、マフィアに覚醒剤漬けにされて性奴隷にされていることがわかった。すかさず敵の本拠地にのりこみ、娘さんを奪還するランボー。だが一足遅かった。帰りの車のなかで、娘さんは息をひきとってしまう。チキショウ、なんて日だ。帰宅し、娘さんを葬っていると、だいじな商品を奪われた仕返しにマフィアが数十人、総出でやってくる。うおおお、オレの戦争はまだ終わっちゃいない。

じつはランボー、趣味で塹壕を掘っていた。そこにマフィアたちを誘いこむ。ゲリラ戦だ。ブシュブシュ、グヒャア。血祭りにあげ、塹壕にしかけていた爆弾を吹っとばす。ズッドーン。全員、生き埋めだ。なんとか這いだしてきたマフィアのボス。すかさずランボーが馬小屋に追い詰める。そして弓矢をぶっぱなし、手足を壁にくし刺しだ。テコテコと近づいてくるランボー。サバイバルナイフをとりだし、おもいきり胸に突き刺した。そして傷口に手をつっこんで、抉りだすのだ。そいつの心臓を。ギャアァァァァーーーッ！！！　おしまいだ。もしかしたらこれがトランプ政権下で上映されたことを考えると、メキシコからの移民排除政策とつながってしまうかもしれないが、みているひとにとってはそうではなかったとおもう。内容がぶっとびすぎていて、そんなことは眼中になくなってしまうのだ。印象にのこっているのは、人間を奴隷扱いしたやつらに目にものをみせてやること、それだけだ。あなたのハートをわしづかみ。ランボー、ラストブラッドだ。現在、午前一一時。もうすぐ授業がはじまってしまう。ねむい。

資本主義は奴隷制——三角貿易、反対！

よし、はなしをかえよう。この世の権力をたたくとき、おおくのアナキストが問題とするのは奴隷制だ。[*24] 古代奴隷制だけではない。封建制も資本主義もすべて、支配の根源は奴隷制にある。人間による人間の支配だと。しかし人間が奴隷になるとは、いったいどういうことなのか。大正時代のアナキスト、大杉栄はこう言っている。

斬り殺されるか、焼き殺されるか、或は又食ひ殺されるか、何れにしても必ず其の身を失ふ可き筈の捕虜が、生命だけは助けられて苦役に就かせられる。一言にして云へば、これが原始時代に於ける奴隷の起源の最も重要なるものである。[*25]

わたしはこの「奴隷根性論」が好きでよく引用するのだが、まちがいなくだいじなことを言っている。奴隷制の起源は戦争であると。ある部族が他の部族を滅ぼして捕虜にする。殺してもいい。斬り殺しても、焼き殺しても、食い殺してもいい。だけど殺さない。生かしてやるから、その代わりに無償ではたらかせる。

勝利者が敗北者の上に有する権利は絶対無限である。主人は奴隷に対して生殺与奪の権を持つてゐる。しかし奴隷には、あらゆる義務こそあれ、何等の権利のあらう筈がない。

奴隷は常に駄獣や家畜と同じやうに取扱はれる。仕事の出来る間は食はしても置くが、病気か不具にでもなれば、容赦もなく棄てて顧みない。少しでも主人の気に触れれば、直ぐ様殺されて了ふ。金の代りに交易される。祭壇の前の犠牲となる。時としては又、酋長が客膳を飾る、皿の中の肉となる。[*26]

戦争捕虜になる。勝利者に生殺与奪の権を握られる。命令が絶対になる。これが主人と奴隷の関係だ。人間でありながら、生きるか死ぬかも自分で決められない、どうやって生きるかも決められない、人間とはみなされない。モノになる、家畜になる、財産になる、

＊24　アナキズムの理論と実践の歴史については、ルース・キンナ『アナキズムの歴史』（米山裕子訳、河出書房新社、二〇二〇年）を参考にした。

＊25　大杉栄「奴隷根性論」（『大杉栄全集　第二巻』ぱる出版、二〇一四年）五八頁。

＊26　前掲、五九頁。

ヒトになる。どれだけはたらけるのか、その力量でヒトの価値がはかられる。他の奴隷や家畜と交換される。カネと交換される。人間が数量化される。「労働力」という商品になる。それが奴隷だ。

古代国家はそうやって人間を奴隷に囲いこみ、うらぁ、てめえらはたらけよとムチをうって富をむさぼりとってきた。「収奪」だ。じゃあ、資本主義はどうなのか。おなじことだ。ちなみに、資本主義というとよく収奪ではなく「搾取」が問題だというひとがいる。ちゃんとはたらいているのに、はたらきに見合った賃金が支払われない。あるいは家事でも育児でも介護でも、はたらいているのに労働とすらみなされない。カネくれよ。搾取である。もちろん、不払い労働には抗議するのがあたりまえだ。しかし、もっとだいじな問題があるのではないか。

大杉はこう問いかけている。そもそも人間が「労働力商品」としてあつかわれているのはどうなのか。人間が数量化されて、カネと交換可能になっているのはどうなのか。消耗して使えなくなったらポイ捨てされるのはどうなのか。人間がモノとして所有できるようになっているのはどうなのか。一握りの富裕層がカネにものをいわせて、貧乏人を支配できてしまうのはどうなのか。カネがほしけりゃ従えよ。そこにはあきらかに暴力が介在している。だって、ほんらい人間はモノではないのだから。人間は人間を所有できないのだからいくら気にくわなくても人間をたたき壊したり、他のモノととりかえるなんてできはいはずだ。できるとしたら、それは人間を奴隷とみなしているからだ。モノであり、ヒトであるとみなしているからだ。

富裕層が貧乏人に戦争をしかけている。次々と戦争捕虜にしていって、人間性を奪いとっていく。生殺与奪の権を握ってしまう。主人の命令には絶対服従。従わなければ、殺されても文句はいえない。奴隷だ。それをこの身体に刻みこむ。さっきの章で一八世紀、大西洋貿易にくりだしていた商船のはなしをしたけれども、絶対君主たる船長が水夫たちにしていたのもそういうことだ。はたらく身体をつくりだせ。人間を「工場」に閉じこめて、「労働力」に変換していく。奴隷制だ。

あらためて問いたい。資本主義の問題はどこにあるのか。搾取ではない。それだとたとえ解決したとしても自分をまっとうな商品として、まっとうな奴隷として認めてくれといっているようなものだ。問題はどこにあるのか。収奪だ。奴隷制だ。戦争だ。こう言ってもいいだろうか。資本主義に反対するということは、奴隷制を廃絶するのとおなじことだ。奴隷制に反対するということは、戦争を廃絶するのとおなじことだ。戦争に反対するということは、人間による人間の支配を廃絶するのとおなじことだ。やめないのなら、拳を突きあげてでもやめさせるしかない。ビバ、アボリショニズム！

ところで、せっかく大西洋貿易のはなしがでたので、少しはなしをもどそう。一八世紀、黄金期海賊を血祭りにあげたイギリスは大西洋の覇権をにぎり、遠洋貿易をガンガンやってボロもうけしていく。ヨーロッパ、アフリカ、アメリカ。そのトライアングルをグルグルまわる。いわゆる「三角貿易」だ。この辺りのことはエリック・ウィリアムズ『資本主義と奴隷制』に詳しいが、イギリスの貿易商たちはきらびやかな装飾品や酒、そしてなにより武器弾薬を船に積みこんでアフリカにわたり、部族国家の王と交渉していく。[*27] 王たちはあたらしい武器を手にすれば、ライバル国家を征服できる。だから周辺の弱小部族をおそって奴隷狩りだ。そいつらを商人に売りはらって武器をゲット。その武器を使って、さらに奴隷をゲットしていく。

貿易商はその黒人奴隷たちを船にパンパンに積みこんで、西インド諸島やアメリカ大陸にわたっていく。到着したらそれを現地のプランターに売って、またボロもうけだ。奴隷たちはプランテーションにつれていかれて無償労働。砂糖に綿花、コーヒー、タバコの生産だ。それをイギリスにもちかえれば、貿易商はまたボロもうけ。イギリスでは、その物品を使って加工品をつくりだす。アメリカでは、黒人奴隷たちを食わせるためにあらたに漁業がたちあがる。そうやって貿易がさらなる産業をうみだしていく、富が富をうみだしていく。なにが起こっていたのか。ウィリアムズのタイトルそのままだ。「資本主義は奴隷制」。近代資本主義というと合理的精神にもとづいて古い封建的な因襲を打破したというイメージがあるかもしれないが、そんなキレイなものではない。アフリカから北アメリカに誘拐された一二〇〇万人の奴隷たち。資本主義は黒人奴隷たちの血みどろの収奪によってうみだされた。三角貿易、反対！

キングギドラか、それとも多頭のヒドラか

ここからさらにもうひとつ、大杉栄っぽい視点をぶちこんでくれるのがマーカス・レディカーだ。かれの『奴隷船の歴史』には、奴隷たち一人ひとりのエピソードがむちゃくちゃ生々しく綴られている。[*28] 奴隷狩りにあって家族と切り離され、北アフリカの海岸まで

＊27　エリック・ウィリアムズ『資本主義と奴隷制』（中山毅訳、ちくま学芸文庫、二〇二〇年）。名著だよ。
＊28　マーカス・レディカー『奴隷船の歴史』（上野直子訳、みすず書房、二〇一六年）。

つれていかれて、鎖で手をつながれて、首枷《くびかせ》をつけられて、わけもわからないまま巨大船に乗せられて、地下牢みたいなところに閉じこめられて、ギュウギュウ詰めにされて輸送される。ツーン。糞尿もゲロもそのままだ。腐ったニオイが鼻につく。暑くて臭くて汚くて、徹頭徹尾、不衛生。寄生虫に食われて足を失ったり、ウイルスに侵されてひとがバシバシと死んでいく。まさに地獄絵図だ。

逆らった奴隷がムチをうたれ、ときに殺戮されてサメのエサにされる。白人のまえで、裸で踊れと命じられた女の子が泣いてできずにいると、ムリヤリ裸にされて、縄で吊るされムチうちにされる。死んだほうがマシだとハンガーストライキをうつと、鉄の拷問器具を口にはめられて、ムリやりひらかれ食道にお粥を流しこまれる。ウギャア！　絶対的な暴力にさらされてどうすることもできやしない。どうしようもないのなら、逆らわずにひれ伏して、メシを食わせてもらったほうがまだマシだ。あきらめましょう、死ぬまでは。しだいに自分の運命をうけいれはじめる。固有名をもっていた人間が番号でよばれはじめる。奴隷に変わる。そうであることに飼いならされていく。奴隷船とはなにか。「水に浮かぶ地獄」である。奴隷をうみだす「奴隷製造工場」だ。

このいったいどこが大杉栄的なのか、アナキスト的だといえるのか。奴隷目線だ。上から、経済の論理だけで語られてきた奴隷貿易を、下から奴隷目線でとらえかえしている。だからこそみえるのである。反逆じゃあ。「他人に生殺与奪の権を握らせるな」。ときにあきらめつつも、怒りの声をあげる奴隷たちの日常が生き生きと描かれている。もともとアフリカのいろんな部族からつれてこられて言葉すらつうじなかった奴隷たち。意思疎通をはかるために、なんとか共通言語をみいだしていく。その時点で、連帯感バリバリだ。しかもそれが見張っている白人にはわからない。そのうちにみんなで情報を共有して、目にみえる白人たちの行動スケジュールをおさえていく。やがて行動の自由がみとめられている女性や子どもたちとも連絡をとり、船全体のことを把握していく。

たとえ仲間が殺され絶望に突っ伏したとしても、そこには必ず歌がある。女性たちが即興でうたう。故郷のことをうたいあげ、もどりたい、もどれないと叫んでうたう。どうせ死ぬというのなら、いまここで死んでしまって、魂だけでも故郷にもどってゆきたい。歌声が船全体に響きわたる。コールアンドレスポンスが巻き起こる。シャー！　シャー！シャー！　一人じゃない、みんなで歌をうたいあげる。黒人霊歌の原型だろうか。魂が揺さぶられる。地獄の底から怒りの炎が燃えあがる。その炎がとぐろを巻いてひろがっていく。燃やせ、燃やせ、燃やせ。死んでもいい。我慢ができない。やっちまえ。

女たち、子どもたちがノコギリをもって、男たちの手枷足枷をギコギコやってぶった切る。フリーダム。黒人たちが次々と白人水夫たちに襲いかかっていく。グサグサ、ブシャア。皆殺しだ。もちろんいつもそんなにうまくはいかない。たいていは情報が筒抜けだったり、ナイフやフォークで奮戦するも、武器庫を奪取するまえにやられてしまったりする。無念だ。首謀者は血祭りにあげられる。だが、どうせ奴隷になるのなら死んだ方がまだマシだと自爆するつもりで決起するやつらもあらわれる。

きわめて稀ではあったが、しかし最も劇的な集団自殺としては、船ごとの爆破というのもあった。一七七三年一月、《ニュー・ブリタニア》の下甲板の男性奴隷たちは、自由に動けた少年たちに密かに道具を持ってこさせ、それを使って隔壁を切断して銃器室に侵入、武器を手に入れ、一時間以上にわたって乗組員と交戦し、双方にかなりの犠牲を出した。乗組員には勝てない、と悟るや、「彼らは火薬庫に火を放ち、船ごと吹き飛ばし」、乗っていたほぼ全員が死亡、犠牲者は三百名にのぼった。[*29]

決死の覚悟でたちあがり、白人どもを殺せるだけ殺して、いまはここまで。そうおもったら火薬庫にはいってドッカーン。ドヒャア。三〇〇人、全員爆死だ。ランボーかよ。死をものともしないと言っていた海賊ですら、実行することができなかった荒業である。すごすぎだ。じっさい、すごすぎたためだろう。そのうわさをきいて、船員たちが黒人奴隷たちを過度に怖れはじめる。こいつらはいつどこで、どんなことをやらかすかもわからない。そんなやつらと何か月も隣りあわせなのだ。「黒いの」はヤバい。やつらから、自分たち「白いの」をまもらなければならない。

プランテーション労働者の生産過程において船＝工場で生産されたもうひとつのものが、「人種」である。旅の始め、船長は、様々に異なる肌の色の乗組員を雇ったが、彼らはアフリカの海岸で「白人」となった。そして中間航路の始まりには、多種多様な民族のアフリカ人が積み込まれるのだが、この人々は、アメリカの港に着くと、「黒人」あるいは「ニグロ」になるのであった。[*30]

＊29　前掲、二六五～二六六頁。
＊30　前掲、九頁。

「人種」の創設だ。もともと肌の色も出身地もちがう乗組員たちが「黒人」と区別して、自分たちを「白人」と認識しはじめる。しかもこの人種のイメージが黒人を奴隷とみなすのにちょうどよかった。なにせ人間であるにもかかわらず、モノとしてみなすのだから。なぜ白人が黒人を所有してよいのか。それは白人が人種的に優れているからだ。黒人が劣っているからだ。黒人は自分たちでは生きていくことができない、文明的な生活を送ることができない。野蛮人だ、ケダモノだ。

そんなやつらを奴隷として、モノとして所有してわるいわけがない。逆らったら、しつけのためにきびしく打ちのめし、ときには見せしめのために殺してしまってもかまわない。そう言って、自分たちがやっていた非人間的な行為を肯定していく。それを正当化するために、「人種の科学」なるうさんくさい学問が発達していく。専門性ってなんですか。これはエリック・ウィリアムズの言葉なのだが、だいじなことなので強調しておこう。「人種差別が奴隷制に由来する」[*31]。レイシズムが奴隷制をつくるのではない。奴隷制がレイシズムをつくるのだ。

もちろん、黒人奴隷のなかにはみずからの運命をうけいれるために、白人の言説を信じこもうとするひともいただろう。ああ、純白のご主人さま。わたしのこの血は、この肌は黒く汚れています。わたしは劣等人種でございます。ご主人さまのためにはたらいて、ご主人さまのマネをして、ご主人さまのようになりたいのです。白くなりたい。奴隷根性だ。自発的隷従だ。

だが、それだけではない。奴隷船のなかではまったく別の「黒人」意識が共有されていた。秘密裏に共通言語をみつけだし、どうやったら逃げだせるのか、どうやったら闘えるのか、知恵に知恵をかさねて共有していく。手さぐりで技に技をかさねあわせていく。女性たちの歌声が地獄の叫びをよびおこす。生死をこえた怒りの炎を燃えあがらせる。相手ごと自分たちを爆破してしまう。「黒人」であるということは、白人にあてがわれたみずからの「黒さ」をみずからの手でぶち抜いてしまうということだ。地下で育まれたその力をいまここで爆発させろ。アンダーコモンズ!

むろん、おおくの奴隷反乱は鎮圧されてしまった。血祭りだ。だけど命がけでたちあがったその記憶は決して消えさったりはしない。アメリカ大陸につれていかれたあとも、農

＊31 前掲、ウィリアムズ『資本主義と奴隷制』二一〇頁。

園ではたらく黒人コミュニティで語り継がれ、ときに歌となって共有されていった。口承伝承だ。なかには、その力に共鳴をうけて逃亡を決意したひともいただろう。きっと、そのはなしは当時、「マルーン」とよばれていた逃亡奴隷の共同体でも共有されていたはずだ。それがまたあらたな力をよびおこしていく。

レディカーはピーター・ラインボウとともに、こうした共鳴する力のことを「多頭のヒドラ」とよんでいる。[*32] 斬っても斬ってもなくならない。斬れば斬るほどニョキニョキと無数のあたまが生えひろがっていく。古代ギリシア、伝説の怪物だ。かっこいい。だとしたら、わたしたちもまたこの多頭のヒドラになりうるだろうか。この資本主義をとびだしていく逃亡奴隷。むろん権力者は巨大なうごく機械をつくりだし、逃亡者たちを「工場」に閉じこめようとしてくるだろう。キングギドラだ。現代の奴隷狩り。わたしたちはこの機械をいかにして破壊することができるだろうか。一八世紀の奴隷反乱にまなびたい。キングギドラか、それとも多頭のヒドラか。奴隷船大爆発。負ける気がしない。

根拠なき生を共にいきよ

モーテンとハーニーは、逃亡とは「ホームレス状態で共に生きる」ことだと言っている。それはホームレスを理想化することではない。比喩として言っているのでもない。ホームレスとはわれわれが追い求め、みずからの信条にしてきた剝奪状態のことにほかならない。「ホームレス状態で共に生きるということは、これまで拒否されてきたことを拒否する相互作用のことだ、アンダーコモンが並列されていくということだ。そんな場を自分で意識して生みだすことなどできやしない。ましてや、他人の知識を借りて生みだせるものでもない。もしかしたら、それはどこかまったく別のところからやってきて、思わぬ問いに思わず返してしまう即興演奏のようなものではないだろうか[*33]」。

＊32 Peter Linebaugh & Marcus Rediker, *The Many Headed Hydra ; Sailors, Slaves, Commoners, and the Hidden History of the Revolutionary Atlantic*, Beacon Press, 2001.一九九〇年に書かれた、同タイトルの二人の共同論文は邦訳でも読むことができる。P・ラインバウ＋レディカー「多頭のヒドラ」（栢木清吾訳、『現代思想　特集　海賊　洋上のユートピア』二〇一一年七月号）

＊33 Stefano Harney and Fred Moten, *The Undercommons: Fugitive Planning & Black Study*, Released by Minor Compositions 2013, p.11.

これはフレッド・モーテン、ステファノ・ハーニー『アンダーコモンズ――逃亡計画とブラックスタディ』の一節だ。もう少しいえば、ジャック・ハルバースタムという研究者が寄せた「序文――ワイルドビオンド」からの引用である。本の内容がここに凝縮されているとおもったので、ちょろっと翻訳してみた。本書はいまアメリカのアナキストたちが最もよく読んでいる本だと言われているのだが、理由はよくわかる。「逃亡」だ。とりわけブラックスタディをやってきたモーテンが、黒人奴隷の逃亡を思想として紡ぎだしている。逃亡とはなにか。それは安住の地に移住することではない。どこにも出口などない、どこにも脱出などできないのであると。

ハリエットが生きていた時代もそうなのだが、ほんのすこし法律が変えられただけで、ひとは逃げ場を失ってしまう。出口をなくしてしまう。これが出口だという出口は出口ではない。進路は北へ。北へいっても安住はできないのなら、またどこかへ逃げればいい。いや、どこへ逃げたとしても安住の地などない。けっきょく資本主義のもとで、主人か奴隷か。富裕層にコキつかわれる。かりにどこかに拠点をかまえて、逃亡奴隷だけでやっていこうとしても、権力に場所を特定されてしまったらそれまでだ。血祭りにあげられるか、たとえ闘って生きのびたとしても犠牲をはらったぶん、その場所を過度に神聖視してしまうだろう。この理想郷をまもるためだったら、なんでもありだ。闘うためには、上からの命令に絶対服従。奴隷かよ。

だから、いつだってハリエットがもとめられている。ふつうなら、これが出口だという出口をみうしなったとき、誰もが打ちのめされてしまうだろう。もうダメだと。でもハリエットは違う。正しい出口などありはしない。ただわけのわからぬ神の声に従って、みんなを北に逃がしていく。そして成功してしまうのだ。やればやるほど、アンダーグラウンドで予期せぬ知恵があみだされる。それがバンバン共有されていく。そうこうしているうちに、ハリエットさえ予期せぬ行動がおこりはじめる。ジョン・ブラウンだ。[*34] もともとおなじ「地下鉄道」のメンバーで逃亡奴隷法をつくられて打つ手なし。だが、それでも奴隷たちはハリエットよろしくガンガン逃げていく。すごい、なんだこの力は。きょうからオレも。死を賭して加勢するしかない。武装蜂起だ。

ジョン・ブラウンは白人でありながら、おなじ白人を血祭りにあげていく。どでかい刀

＊34　ジョン・ブラウンについては、松本昇、高橋勤、君塚淳一『ジョン・ブラウンの屍を越えて――南北戦争とその時代』（金星堂、二〇一六年）をどうぞ。

をぶんまわし、奴隷制支持者たちのあたまをカチ割っていく。そして森に逃げてゲリラ戦だ。最後は「奴隷たちよ、共に決起せよ」とよびかけて武器庫を襲撃したが、誰もついてこずに捕まって、首を吊られて死んでしまった。でも、やっていたのはハリエットとおなじことだ。逃亡者たちの逃亡に加勢すること。ただ逃亡ルートを開拓するだけではない。これがあたりまえだという逃亡のありかたそのものを開拓するのだ。

モーテンたちがいわんとしているのもおなじことだ。「逃亡とはホームレス状態を共に生きる」ことである。住処のはなしばかりではない。わたしはここに立脚しているというアイデンティティやポジションを脱ぎ捨てていく。たとえば、どこか他なる場所から声を聴いてハリエットがたちあがる。そのハリエットに衝き動かされて、なぜだかみんなうごいてしまう。自分のなかの立場や根拠、あたりまえ、そのすべてをかなぐり捨てる。即興演奏だ。他なる声が聴こえてくる。ジョン・ブラウンの魂がゆらぎはじめる。ただ白人を殺戮するのではない。白人をヤッツけることで、みずからの白さをぶち壊すのだ。そうして、その正しさにすらとらわれず、その立場に住まうことからも逃げだしていく。あらためまして、逃亡とはなにか。根拠なき生を共にいきよ。

まとめよう。いかなる根拠も受けつけない。いかなるグラウンドにも立脚しない。地下だ。アンダーグラウンドだ。おもわぬ声におもわず身を震わせて、おもわず踊って暴れだす。おのれの根拠が砕け落ちる。グラウンドが崩壊していく。未知の出会いをくりかえし、あたりまえの思考をとびだしていく。おもってもみなかったような知恵や技術を育んでいく、共有していく。アンダーグラウンドでうみだされた共有財産。アンダーコモンズだ。そう考えてみると、映画『ハリエット』はどうだろう。ハリエットの逃亡劇が神話になっている、偉大な人物の偉大な物語になっている。ありがたいハリエットさまのお導きに従って、安住の地に移住しよう。辛気くさい。説教くさい。うさんくさい。どうしたらいいか。逃亡だ。どこからともなくランボーの声が聴こえてくる。白人が白人をヤッツける。イカれたジジイがこう叫ぶ。うおおお、オレの戦争はまだ終わっちゃいない。『ランボー怒りのハリエット』(二〇二二年)。即興演奏がいまはじまった。いくぜ、ランボー。こいよ、ハリエット。あらゆる根拠をぶん殴れ。アンダーコモンズ!

第6章 やっちゃえ

労働の動員か、それとも生の拡充か

震えろ、跳ねろ、踊っちゃえ

ところで、大杉栄のはなしをしよう。このコロナ禍、あらためて大杉の「生の拡充」がだいじになってきているとおもったからだ。

生には広義と狭義とがある。僕は今その最も狭い個人の生の義をとる。この生の神髄は即ち自我である。そして自我とは要するに一種の力である。力学上の力の法則に従ふ一種の力である。

力は直ちに動作となつて現はれねばならぬ。何んとなれば力の存在と動作とは同意義のものである。従つて力の活動は避け得られるものでない。活動そのものが力の全部なのである。活動は力の唯一のアスペクトである。

されば吾々の生の必然の論理は、吾々に活動を命ずる。又拡張を命ずる。何んとなれば活動とはある存在物を空間に展開せしめんとするの謂に外ならぬ。

けれども生の拡張には、又生の充実を伴はねばならぬ。寧ろその充実が拡張を余儀なくせしめるのである。従つて充実と拡張とは同一物であらねばならぬ。[*35]

「生」とは生きることであり、生命のはたらきそのものである。大杉にとって、その軸足となるのは自我であり、わたしである。自我とは「力」であり、わたしの動作そのものだ。ものを考える力であり、なにかしら行動をおこす力である。そして力とはわたしたちが生きているこの空間を縦横無尽にひろがりゆくものであり、それができたとき、ひとは充実感をおぼえる。逆にそれを妨害するものがあらわれたなら、わたしはそれをぶち壊してでも、みずからの力を拡張しようとする。拡張してしまうのだ。なぜならそれが生の必然だから。理由などない。

もうすこし具体的にいっておこうか。力とはこの空間を四方八方にどこにでもひろがりゆくものだ。はじめから言っちゃいけないことなんてない、やっちゃいけないことなんてない、ぜんぶ自由だ。だけどこの世界には、あきらかにそれを妨げるシステムが存在している。資本主義だ。カネによる支配だ。労働だ。この社会では、どれだけ好きなことをやっているかではない、はたらいてカネを稼いで生きることがよしとされている、モラルになっている。どんなにやりたくない仕事でも、自分を犠牲にして耐えて耐えて、たくさん

＊35 大杉栄「生の拡充」（『大杉栄全集 第二巻』ぱる出版、二〇一四年）一二七頁。

カネを稼ぐのがよいことだ。あまり稼げないのはわるいこと。無職になったり、はたらこうともしないのは落ちこぼれだ。

だからカネにならないとわかっているのに、やりたいことしかやろうとしないのは道徳的に悪だとみなされる。たとえば自分、小説が書きたいですと言いはじめる。嘲笑だ。三〇越えても、四〇越えてもやろうとしたら、だいたい親か友人、かれし、かの女、身近なだれかにおまえはたらけよと口汚く罵られることだろう。わかってる。だが、わかっちゃいるけどやめられない。やっちゃえ。昼も夜も時間を忘れてトランス状態。夢中になって一本かききったとき、ほかのだれでもない自分がおもうのだ。オレ、すげえ。わたしはすごい。自分、サイコー。自己の崇高さを感じとれ。充実。

生の拡充とは、こういうのをいうだれがどこでどんなふうにやってもいい、その無数の力を無数にありうるかたちで展開していいということだ。まわりの評価など関係ない。もしまわりを気にしてやりたいこともやらないのなら、そのひとは「社会」の奴隷だ。カネの奴隷だ。むしろ自分のことは自分でやる。自分の偉大さは自分で讃える。わたしの力をマックスまで膨らませていく。パンパンだ。一見すると、徹底的な個人主義である。だがこれは生の拡充の一側面でしかない。いちど飛躍した力はとまらない。「個人」という器すら飛びこえて、さらにさらにとひろがっていく。

たとえば、もっと小説のことをしりたいとおもって大学に進学する。そういう目的意識をもって勉強したら、たしかに自分の力は高まっていくだろう。あたまはよくなる。でもその成長は直線的だ。自分がたてた目的に縛られて、自分の生が委縮していく。そのほかのことがみえなくなる。やってはいけない、無用であると切り捨てはじめる。自分の評価の奴隷になる。やがて自分と似たような奴らとつるみはじめ、その界隈でつかえるやつとつかえないやつにわかれはじめる。選別だ。けっきょくあたらしい「社会」ができるだけ。個人か社会か。自発的に参加している社会ほど、やっかいなものはない。それが支配だとはおもっていないからだ。手ごわいぞ。

だがある日、大学の友だちに誘われて、ふとライブハウスにでかけてみる。きいたこともないようなバンドの演奏。でもその爆音に身体が震える。地響きだ。友だちの身体も震えてる。隣りのあなたも震えてる。あいつも、こいつも。その震えがこだまして、共鳴につぐ共鳴を呼びおこす。ウヒョオ。狂ったように跳びはねる。気づけば自分もギターを手にとって、毎日、授業にでずにギター三昧。友だちとバンドを組んで爆音をかき鳴らす。そうして狂ったように叫ぶのだ。これがわしの文学じゃあ！

自分の身体がいつどこでどんなふうに変化していくのかわからない。その力がいつどこでどんなふうに跳躍するのかもわからない。だが、わたしの意思とは関係なく目的意識をとびこえて、わたしは必ずそこへむかってしまう。やっちゃう、やっちゃえ、やっちゃった。あなたの震えがそうさせる。そうさせてやまないのだ。未知との出会い。事件に遭遇。共鳴する身体だ。わたしの身体は一人であっても「個人」ではない。かといって「社会」に命じられてうごいているのでもない。わたしは一人にして群れであり、雑多であり、無数であり、どこへいくのかわからない力の流れそのものだ。力の爆発そのものなのだ。いつだって行先不明。生の決定不可能性だ。まとめておこう。生の拡充とはなにか。

自己の崇高さ（力としての自我）

生の決定不可能性（共鳴する身体）

個人か社会かではない。カネかカネじゃないかでもない。他人にも自分にも評価できない。あらゆる目的を逸脱していく。だれにも計算できない、予測できない、制御もできない。わけのわからぬ出会いがあれば、わけのわからぬなにかに化ける。あなたも、あなたも。雷鳴のような生の叫び。われわれはその叫びにただ身を震わせるだけのことだ。その力に自己の崇高さを感じとれ。自我の奥底から、細胞たちがこう叫ぶ。震えろ、跳ねろ、踊っちゃえ。革命とはこだまする生の震動にほかならない。サイクロン。

マニュエル・ヤン、登場！

あれは二〇二〇年一一月二七日。寒い日のことだ。午前一一時半。わが家のチャイムが鳴った。ピンポーン。インターホンをとると、「ハァ、ハァ、ハァ、ハァ、ハァ、ハァ。や、やっちゃん」。わが友、マニュエル・ヤンだ。マニュエルは台湾人のお父さんをもち、お母さんが日本人。ブラジルで生まれ、アメリカで育ち、いまは日本の大学で教鞭をとっているというひとだ。はじめて会ったとき、バンダナにサングラスだったので、もしやとおもい話しかけてみると大正解。わたしとおなじ長渕剛ファンだった。意気投合し、いまではマブダチ。最高のナイスガイだ。

このマニュエルさん。なんどか紹介したピーター・ラインボウの愛弟子で、近代のアメリカ民衆史を専門にしている。[*36] 権力にたちむかった奴隷たちの、労働者たちの反乱の歴史だ。ブラックムーブメントにもめちゃくちゃ詳しいので、この日は正午からの授業で「ブラック・ライブズ・マター」をテーマにしゃべってもらうことになっていた。いまはオンライン授業なのでわたしの部屋でのトークになるが、いわゆるゲスト講師だ。道に迷うといけないとおもい、メールで「最寄り駅についたら迎えにいくよ」と伝えておいたのだが、考えてみるとマニュエルは携帯電話をもっていない。大丈夫かとおもっていたら時間どおりにやってきた。よかった。そうおもいきや、汗だくになったマニュエルが「ハアハア、ゼエゼエ」いっている。どうした、マニュエル。

「ちょっと道に迷っちゃって」。わたしが「やっぱり迎えにいけばよかった」というと、そうじゃないという。「西荻からね。おもったより遠かった」。なにをいっているのだろう。きけば、さいきん散歩にハマっているので、授業前にちょうどいいとおもい、自宅のある西荻窪から二四キロ、三時間半の道のりを徒歩でやってきたのだという。そしたらおもったより遠かったと。あたりまえだ。どうも朝からほとんど飲まず食わずだったので、とちゅうで飢えと渇きのために失神しそうになったという。

とりわけ東京から埼玉にくるには一・五キロある幸魂《さきたま》大橋をわたって荒川をこえなくて

はならない。寒風吹きすさぶなか、いくら前にすすんでも終わりがみえない。休みたい。だが、寒すぎて地面に座りこむこともできない。もうダメだ。意識朦朧。すべてがあきらめに変わったとき、マニュエルの身体に力がやどる。不思議な高揚感につつまれる。身体がどんどん軽くなる。足がシャカシャカうごきだす。テコテコ、テコテコあるきだす。そうして気づいたら、わたしの家にたどりついていたという。わたしがケラケラ笑いながら「それはトランス状態ですね」というと、マニュエルも低い声で「ヤスシ、そのとおりだ」といっていた。神秘体験だ。

その後、ぶじに授業は終了。内容もさることながら、スパークジョイ。むちゃくちゃエネルギッシュでいい授業だった。マニュエル・ヤンの白熱教室だ。授業後、おつかれさまとビールで乾杯。プヒャア。キンキンに冷えてらァ。のちにマニュエルがこう言っている。「あのビールは砂漠を放浪した果てにたどりついたオアシスで汲んだ命の水だったよ」。散歩のおかげだ。しかしなぜ散歩だったのか。どうもマニュエル、この五週間前から散歩に

＊36　たとえば、マニュエル・ヤン『黙示のエチュード――歴史的想像力の再生のために』（新評論、二〇一九年）をどうぞ。

ハマっていたらしい。近所の散歩レベルではない。朝からフラッと外にでて、いきさきも決めずにプラプラあるく。そしてそのまま一日帰ってこない。放浪だ。あてもなく目的もなく体力の限界をこえるまで前へ前へと突きすすんでいく。病的なまでにムダにあるく。それこそなにかに憑《とりつ》かれたかのようにあるいてしまうのだ。じつはこの放浪癖、牧師であったお父さんゆずりらしく、その文脈でマニュエルはこう言っている。

わたしにとって散歩の醍醐味は、少々大げさな言い方をすると、日常のありきたりな風景を本質的に異化し、無邪気な好奇心や冒険心を刺激する神秘や喜びに「聖変化」する「恩寵」をみずから体験することである。そして、おそらく父にとってもそうだったのではないかと思う。行為そのものがまったく無償であり、意図したからでもなく、一定の歩数や距離を蓄積したからでもなく、ただ単に無作為に歩き続けるという「信仰義認」に身をゆだねるだけで可能になる恩寵。それは視覚だけではなく、味覚や身体感覚にも影響を及ぼす。[*37]

さすが牧師の息子。つかう言葉がちがう。すこし解説をいれよう。まえに、わたしたちの日常生活は「輸送の世界」に囚われているというはなしをしたとおもう。どこにいっても、なにをやっても目的でがんじがらめ。この道路は物流のためにある、通勤のためにある、通学のためにある、買い物にいくためにある。わたしたちにできるのは、その目的達成のためにどれだけスピードをあげられるのか、それだけだ。レッツ・スピードアップ。道路をあるけばあるくほど必要なことしかできなくなる。いまや道端にたむろして、タバコを吸って、酒を飲んでいるだけでも犯罪的だ。ムダをとりしまれ。逸脱をゆるすな。いつでもあるいてアピールしよう。ああ、忙しい。わたしはとても役にたちますと。ずっと就活でもさせられているみたいだ。

だからマニュエルは無作為に道をあるく。「輸送」じゃない。「散歩」だ。「放浪」だ。五〇キロ、六〇キロ。わけもなくムダにあるく。健康になるためではない。体を鍛えるためでもない。ただムダに体力をすり減らす。飢えと渇きに身をさらし、限界をこえるまであるきまくる。体力を消耗し免疫力も衰え、ウイルスの脅威にさらされて、自分の体に死

＊37 マニュエル・ヤン「歩くということ（連載：バビロンの路上で 第二一回）」（『福音と世界』二〇二〇年一二月）六一頁。

が突きつけられる。生存という目的すら見失っていく。わたしのなかの「なぜ」が消える。目的ゼロの道をあゆむ。あるきながら死を潜りぬける。なぜこんなことをやっているのか。だれのためでもない、なんのためでもない。だれにもなんにも支配されない、制御できない。そんな力が身体に宿る。人知を超えた力をふるう。なぜだか体がシャカシャカうごく。猛烈な勢いでうごいてしまう。感じてくれ、神の「恩寵」を。震えてくれ、「神秘の喜び」に。生の拡充だ。マニュエル・ヤンはこう言った。

遠隔授業はファシズムの蛮行だ

しかしそれでもやはり過剰である。なぜここまで散歩しなければならなかったのか。なにがマニュエルをここまでさせたのか。オンライン授業だ。遠隔授業がここまでさせたのだ。コロナ禍になってから、どこもかしこもテレワーク。わたしが非常勤でいっている山形の大学も、マニュエルがおしえにいっている東京の大学も、去年の四月からオンライン授業になった。わたしのところではZOOMを使用。もちろん、情報を伝えるだけだったらそれほど問題ではない。実技がともなう授業だったら別だろうが、わたしのようないわゆる講義形式の授業ではさほどこまることもない。

むしろ人づきあいの苦手な学生にとっては、ひとり部屋にこもってパソコンをつけていればいいのだし、パワーポイントや映像資料をつかう教員だったら便利になったとさえいえるだろう。学生と教員双方向のやりとりだってムリではない。チャットをつかって、そのつど教員に質問だ。プライベート設定よろしく、教員にしかみられないようになっていて、ふだんみんなの前では手をあげられなかったシャイな学生も気軽に質問することができる。学生同士で討論してもらいたければ、少人数のルームに分けてはなしあってもらえばいい。コンピュータにまかせれば、毎回メンバーがかぶらないように、自動でパッとふりわけてくれる。ああ、便利。

わたしなどは週に一日、山形までいくのが楽しみだったりするのだが、非常勤の先生には、おなじ日にいろんな大学をかけもちしているひともいて、そういう人たちからしたら移動が楽になったことだろう。もはや道路すら必要ない。ボタンひとつで瞬間移動。ポチッとな。はやすぎだ。あるいは授業ではないけれども、専任の先生のなかには毎週ひらかれるムダな会議に辟易していたひともいるだろう。ほとんど自分とは関係ない案件なのに、七時間も八時間もその場にいなければならない。はなしが長いジジイがムカつく。でもZOOMとなればはなしがちがう。なにせひとが同時にしゃべれないのだから。横やりがはいって、はなしが逸れていくこともない。テキパキと必要なことだけをはなして、ハイおしまいだ。会議の時間が減っていく。効率化。目的達成のためにスピードアップ。オンライン化とは「輸送」の完成にほかならない。

だけど、このオンライン化が消し去ってしまったものがある。致命的なまでに台無しにしてしまったものがある。震えだ。こだまする身体の震動だ。物理的に音を感じないといってもいいだろうか。対面で酒を飲んで友だちとはなしたり、電話ではなしているとき、たいていどちらかのテンションがあがって耳が痛くなる。しだいにその痛みが心地よくなってきて、こっちもあっちもテンションがあがっていく。しゃべりたいだけしゃべれ。騒ぎたいだけ騒げ。どなりたいだけどなれ。

身体がどんどん熱くなる。もっともっとと過熱していく。爆音だ。うっせえぞ。飲み屋の親父にイスを蹴られる。同居人にそっとドアを閉められる。すみませんでした。しかしパソコンごしにしゃべっていても、そんな不和は生じない。音の痛みを感じない。ただスムーズに音が流れていく。ただテキパキと情報を交換していく。それは一見、効率的におもえるかもしれない。だが、おしゃべりの神髄というべきものを失ってしまっている。爆音だ。予測不可能な熱気の爆発がおこらないのだ。会話のなかの「散歩」が消える。生の拡充が抹殺される。

オンライン授業で、数百人を前にしゃべるときもおなじことだ。もちろん対面の授業だって、学生が教員と同時にしゃべるということはない。教室で友だちとおしゃべりをしてしまう学生もいるかもしれないが、教壇にたって教員と同時にしゃべるということはないだろう。まあ、それならそれで大歓迎なのだけど。はなしをもどすとオンライン授業では、そのおしゃべりすらありえない。学生は一人ひとりパソコンの前でジッとしているだけのことだ。たいていは自分のパソコンをミュートにして、カメラ機能も消して学籍番号だけを画面にうつしている。

教員からは学生がどんな声なのか、どんな表情なのかもわからない。教員はただ宙にむかってはなしかける。対面であれば、みんながうなずいていたり、首をかしげていたり、笑い声がおこったり、その場で共有される空気がうまれるだろう。熱気がうまれる。震動がうまれる。その熱気から、教員がふと当初は予定していなかったことをはなしはじめる。授業後、学生が飲みに誘ってくる。いいよ。たとえクソみたいな授業だったとしても、終わったあと、教室にのこって学生同士で教員の悪口をいい、そこから昼飯。気づけば夜だ、飲みにいこう。予期せぬ出会いがうまれだす。

だが、オンラインではそういうムダが生じない。ガヤガヤしたものが生じないのだ。もし授業中に学生がミュートを解除して、アッハ、ププイと笑い声をいれたり、教員の言ったことにムカついてチッと舌打ちでもすれば、一人だけ画面にうつり、教員に「なにか発言したいことでもありますか」とたずねられて、気まずいだけで終わってしまうだろう。学生と教員。おなじ場を共有することで、おのずと出会いがうまれてしまう。おのずと知恵がうまれてしまう。オンラインはそういう出来事がうまれるのをあらかじめ封じてしまうのだ。致命的である。

正直、わたし自身、どんなに教育の新自由主義改革なるものがすすんでも、大学のこの性格が失われるとはおもっていなかった。[*38] ちなみに新自由主義というのは、この社会のあらゆるものごとを市場原理でやりくりしましょう、そうすればなにごともうまくいきますよという考えかただ。[*39] 教育、電気、ガス、水道、郵便、社会保障にいたるまで、ほんらい市場原理になじまないとみなされている領域でも、カネもうけができるようにしなければならない。二〇〇〇年代にはいってから、大学も新自由主義改革がすすめられて、いかに学生の就職率をあげられるのか、それで人気校になれるのか、おおくの学生をあつめられるのか、その成果だけが問われるようになってきた。教育機関も採算、競争。大学は就職予備校でございます。マジでクソ。

これは長年、大学にいる教員、院生にしかわからないかもしれないが、この二〇年間で、大学の風景は一変してしまった。ムダに大学にたむろして、酒を飲んで、タバコを吸って、おしゃべりをして、主張したいことがあればビラをつくって、建物にベッタベタに張りまくり、トラメガをもってガナリたて、タテ看をつくってドデンと校舎の前においておく。そういうことがゆるされない。そんなことをやろうとすれば警備員がきてつまみだされる。いまや大学は就職のための知的商品の陳列場だ。それを汚すものがいれば、即排除。大学の商品価値を下げるものはたたきだせ。大学の浄化だ。ムダはいらない、不浄はいらない。大学の目的が就職活動に収斂されていく。成果をあげろ。人間の思考が閉ざされる。学生たちの人生がはじめから決まった目的に括りつけられる。労働の秩序に囲いこまれてしまうのだ。われわれははたらくために生きている。

＊38　二〇〇〇年代の大学改革については、拙著『奨学金なんかこわくない！「学生に賃金を」完全版』（新評論、二〇二〇年）をおすすめします。

＊39　新自由主義については、白石嘉治、大野英士編『ネオリベ現代生活批判序説　増補版』（新評論、二〇〇八年）を参考にした。不朽の名著だ。

だけど、それでも大学という空間があるかぎり、生の拡充がなくなることはないとおもっていた。大学当局がどんなにくだらない制度設計をしても、それとはかかわりなく、全国から有象無象が集まってきてしまうからだ。わけのわからぬ出会いがおこる。就職のためであれなんであれ、大学にきた目的をとびこえて、おもしろいことをはじめてしまう。それが大学というものだ。だが、いまやそこにオンライン化。未知と遭遇するその機会すら奪われる。それをうながす震動すらうまれない。音の痛みすら感じない。授業をやればやるほど、人間から遠ざかっていく。身体を失っていく。きっと大学に期待していたひとほど、そのショックは大きかったことだろう。この間、友人の教員で精神を打ちひしがれたひとがおおかった。マニュエル・ヤンもその一人だ。自分がなにをやっているのかわからなくなる。毎日、酒浸りになる。酒がなければ体が震える。こんな震えが欲しいんじゃない。そうおもってはじめたのが散歩だったのだ。

しかし、このいいかたではまだ甘いのかもしれない。イタリアの哲学者、ジョルジョ・アガンベンはこういっている。

データ通信上で進行する新たな独裁制に服従し、オンラインで授業をおこなうことを――目下一丸となっておこなわれているとおりに――受けいれている教員たちは、一九三一年のファシスト体制に忠誠を誓った大学教員と完全に同等な存在である（ムッソリーニは同年、大学教員のファシスト党入党を義務化している）。その当時と同様、事態を拒むのはおそらく、一〇〇〇人のうち一五人程度になるだろうが、間違いなく彼らの名は、ファシズムへの忠誠を拒んだ一五人の教員たちの名と並べて記憶されることになるはずだ。

学ぶことを真に愛する学生たちは、現下のように変わってしまった大学に所属することを拒み、その起源に立ちかえって、新たなウニヴェルシタスを作りだすべきである。目下のような技術的な蛮行に直面するなかにあって、過去の言葉が生気を保ちつづけ、まったく新たな文化のようなものが――もし仮にでも――生まれる可能性があるとしたら、そのなかにしかないはずだ。[*40]

＊40　ジョルジョ・アガンベン「学生たちへのレクイエム」（二〇二〇年五月）。「HAPAX」ブログにて、翻訳全文を読むことができる。

オンライン授業はファシズムの蛮行に等しいといっているのだ。もとより、大学の起源は一三世紀イタリアのボローニャである。*41「ウニヴェルシタス」。ラテン語で「組合」という意味だ。ヨーロッパ各地からあつまった学生たちが、自分たちで教師をえらび、学びの場をつくっていく。だが当初、よそ者をよしとおもわない地元住人たちから嫌がらせをうける。学生からとる家賃や日用品をいっせいに値上げしたのである。これに怒った学生たち。それまで言語もちがい、バラバラだった学生たちが団結してたちむかった。ウニヴェルシタスの結成だ。

大学は宣言する。「われわれはボローニャをサボタージュします」。このまま値下げをしなければ、全員で街からでていくぞ。そしたらこの街の経済がどうなるのかわかっていますよねと。これにまいった住民たち。学生たちの要求をすべてうけいれた。大学の誕生だ。ただ学ぶという目的のために集まったのではない。その目的すらうっちゃって、予期せぬ出来事に遭遇して、予期せぬ友と力をあわせ、予期せぬ思考をめぐらせて、予期せぬ行動にうってでる。そうしてあらたな知恵や技術を手にしたとき、なにものにも代えがたい喜びを感じてしまう。そんな生をはぐくむ場が大学だ。

だが、オンライン授業は大学から「ウニヴェルシタス」の可能性そのものを剥奪してしまった。だからアガンベンはよびかけるのだ。教員たちよ、それに同意するのはファシストの蛮行に等しいぞ。学生たちよ、そんなクソみたいな授業はボイコットしてしまえ。おまえらの大学はおまえらがつくるのだと。学生たちへのレクイエム。さすが天下の大哲学者。ジジイは言うことがちがう。強調しておきたいのは、これを学費ゼロ円、生活費まで保障されているイタリアでいうのである。オンラインで大学施設もつかわせず、授業料だけ年間一〇〇万円以上むさぼりとっている日本はどうなのか。ただのクソだ。肝に銘じておこう。大学に還れ。ウニヴェルシタス!

ポスト・フォーディズムの労働秩序

つづけよう。このはなしは大学の問題にとどまらないからだ。さきほど新自由主義という言葉をつかったが、この経済が世界中にひろまったのは一九七〇年代。それとともに、あきらかに労働秩序が変化している。「フォーディズム」から「ポストフォーディズム」

＊41 大学の起源については、チャールズ・ホーマーハスキンズ『大学の起源』(青木靖三、三浦常司訳、八坂書房、二〇〇九年)をどうぞ。

へ[42]。ちなみにフォーディズムとは、文字どおり自動車会社フォードをモデルにした労働秩序のことだ[43]。一九二〇年代からフォードは巨大な工場をたて、そこに最新の機械設備を導入してきた。ベルトコンベアシステムだ。そこに大量の労働者を雇い入れ、流れ作業で機械の一部のようにはたらかせる。

あたまなどつかわなくていい。つかってはいけない。なにをつくるのか、どうやってつくるのか、「頭脳労働」は経営者がやるものだ。労働者はただ上からいわれたとおりに「肉体労働」を反復する。マニュアルどおりにやればいい。上からの命令には絶対服従。奴隷である。ふつうなら、そんな非人間的なことはしたくない。だけど大量に車をつくって安く売りまくり、そのもうけで賃金をあげて労働意欲を向上させる。さらにまた工場を新設して、そこに大量の労働者を雇い入れていく。安くたくさんつくれば必ず売れる。生産性をあげよう。ボロもうけだ。「大量生産神話」である。

もっと賃金をあげたいと、労働者は仕事にはげむ。はたらけばはたらくほど、よりよい暮らし。ハッピーだ。将来をみすえてもっとはたらき、結婚をしてローンを組んで夢のマイホーム。子どもをつくって大学にいかせる。それが社会のステータスだ。みんながそうしていると、それがよいことだとおもわされる。ろくにはたらきもしないで、好きなことをやっていると逸脱者。落ちこぼれだ。なにがしたいかではない。なにができるのかではない。労働だ。はたらけ、はたらけ、カネ稼げ。生きる目的がはたらくということに収斂させられる。なにが生きるということかもわからなくなっていく。フォーディズムとは、労働による労働者の統治にほかならない。

だが一九七〇年代に状況が変わる。いくら大量生産しても安くならない。売れないのだ。二度のオイルショックを経験して、みんなわかってしまった。いくら機械化をすすめても、いくら人を雇っても、それをうごかすエネルギー代があがってしまえば、安くモノはつくれない。もうけは減って賃金も下がる。みんなモノを買わなくなる。「神話」の崩壊だ。高い、売れない、倒産、失業。ずっと不況だよ。

ちなみに、そこで登場するのが日本のトヨタだ。[*44] たくさんつくっても売れないのであ

＊42　この用語については、山田鋭夫『レギュラシオン理論』（講談社現代新書、一九九三年）を参考にした。

＊43　フォーディズムについては、ミシェル・アグリエッタ『資本主義のレギュラシオン理論　増補新版』（若森章孝他訳、大村書店、二〇〇〇年）を参考にした。

＊44　トヨタの生産方式については、バンジャマン・コリア『逆転の思考』（花田昌宣、斉藤悦則訳、藤原書店、一九九二年）を参考にした。

れば、売れるモノだけをつくればいい。さすがジャパン、姑息でござる。こんどは労働者にもあたまをつかってもらう。なにが売れ線なのか肌でわかっている現場の人間が、その情報を上にあげるのだ。そしてそれだけをつくらせる。「多品種少量生産」。モノだけではない。大量の労働者を工場にかかえこんでいる必要もない。必要なときに必要な人員だけいればいい。「雇用のジャストインタイム」だ。そういえばきこえはいいかもしれないが、ようは人減らしである。非正規雇用。労働者はきほん失業者だ。無職のみなさん、いつでもはたらけるように準備しておいてください。失業者の労働統治。それがポストフォーディズムの政治である。整理しておこう。

フォーディズム＝労働による労働者統治
ポストフォーディズム＝失業者の労働統治

どえらい変化だ。なにせ、たくさんのひとが工場にたむろしている必要がなくなってしまったのだから。それまでどんなに労働組合がショボくても、おなじ場を共有してさえいれば、なにごとかが起こる可能性はあった。いっしょにタバコを吸って、仲良くなって、飲みにいって意気投合。しゃべっているうちにテンションがあがってムカつく上司にファイト一発。怒りの炎を燃えあがらせたかもしれない。労働の目的をとびこえて、おのれの生を爆発させたかもしれない。その芽が摘まれてしまう。

二〇〇〇年代にはいると、ポストフォーディズムはさらに加速していく。もはや「必要なときに必要な労働」ですらない。労働そのものがいらなくなったのだ

ここに今日的なパラドクスがある。すなわち、労働が他のあらゆる生存方法を凌駕し勝利したまさにその時、労働者が余剰物になってしまったという点である。生産性の向上が謳われ、生産の脱地域化、機械化、オートメーション化、そしてデジタル化が果てしなく推し進められた結果、商品製造のために物理的な生きた労働はほとんど必要とされなくなった。われわれが生きているのは労働が存在しない労働者社会というパラドクスである。[*45]

*45 不可視委員会『来たるべき蜂起』(来たるべき蜂起翻訳委員会、彩流社、二〇一〇年)三七〜三八頁。

これはフランスのアナキスト集団、「不可視委員会」の言葉である。もっとはたらけ、もっと生産性をあげろ。そのために機械化をすすめ、オートメーション、デジタル化。そうしていたら、商品をつくるのに生身の労働がほとんどいらなくなってしまった。工場労働もそうだ。スーパーやコンビニのレジ、大学だってあまりひとはいらない。やろうとおもえば、世界のトップ大学の授業だけオンラインで垂れ流しておけばいいのである。「労働が存在しない労働者社会」だ。

正直、これだけならいいじゃんとおもってしまう。労働の必要がないならば、はたらかなければいいだけだ。イモでも植えろ。山にいけ。川にいけ。海にいけ。なにかをやれば、なにかが起こる。わらわらとひとが集まって、ああしたらいい、こうしたらいいと熱気がうまれる。うるせえよ。気づけば、自分でもおもいもしなかった技がうまれている。自分、田舎キライです。だったら都会でけっこうだ。飲み屋にカフェ、クラブに書店、ライブハウスに街頭、公園。フラフラしていれば、かならず誰かとどこかで出会う。ひとたび身体が接触すれば、おもいもしない知恵がうまれる。震えて、震えて止まらない。はたらかないで、たらふく食べたい。

だが、国家がそれをゆるさない。国家の礎はあくまで労働。勤労と納税なくして国家なし。労働が物理的に消滅したいまだからこそ、その事実を認めたくない権力者たちが労働秩序の維持に心血をそそぐ。過剰なまでに権力をふるう。あからさまなホームレス排除。仕事がなければどうなるか、恐怖のスペクタクルをみせつける。そしてわかりやすいくらいの制度改革。いきなり消費税をあげて、たまに小銭を稼ぐくらいではやっていけなくしてしまう。あるいは失業手当。はたらく意志がなければもらえない。くそったれ。日本ではコロナ禍に日銭も稼げず、家賃が払えなくて住居を追われるひとが続出したけど、国家の基本姿勢はゆるがなかった。「はたらかざるもの、食うべからず」。たかだか一〇万円を給付するのに、どれだけ出し渋ったことか。けちくさい。

ろくな働き口もないのに、仕事がなければ死ぬぞとプレッシャーをかける。それを多方面から四六時中やられていると、ボディブローのように効いてくる。そしてグッタリしてきたころに、メディアをつかって騒ぎたてるのだ。現在、史上最悪の失業率です。国家は財政破綻。もう貧乏人の面倒などみられませんよ。だから早急に仕事をみつけてください。さもなければ死にますよと。ウソッパチだ。だけど精神的に追い詰められていると、ほんとうにそうおもってしまう。

むろん就職したくても、正社員のポストは多くない。ほんのすこし景気が悪くなったり、コロナで経済が止まったりすれば、バイトや日雇いですらみつからなくなるだろう。きほん、無職だ。だけど仕事もせずにフラフラしているときほど、なにかしなければとおもわされてしまう。多忙でなければいけないとおもわされてしまう。就活のために笑顔の練習。髪の色を黒く染めて、歯はピカピカにホワイトニング。オンライン面接のために、メイクの練習も欠かせない。毎日、英会話のレッスンにはげみ、キャリアアップの資格も取得。スポーツジムにかよって、自分の体型を自己管理。デブは敗北だ。自己啓発セミナーでハッスルしよう。ヨガや座禅でマインドフルネス。意味のわからぬ精神性を手にするために、何十万円払わされても気分爽快だ。ああ、ビジネス。ああ、忙しい。

彼らが与しているのは、動員《モビリザシオン》という倫理によって、労働秩序を救済する企図にほかならない。動員されるということは、具体的な営為としての労働と関わることではなく、労働の可能性と関わることだ。失業者がピアスをはずして整髪し、「計画」を練り、いわゆる「被雇用能力」を高めることに熱心に取り組みはじめる。これは、彼が動員されたことを意味する。[*46]

実際に工場ではたらいて、規律訓練をうけて勤労にはげむのではない。これからどんな仕事をするのかもわからないのに、まるで宙にでも訴えかけるかのように、自分、これだけはたらけますと「労働の可能性」をアピールするのだ。労働なき労働の身体。無為にすごすことが耐えられない。ピアスをはずして整髪だ。いつでもスーツを着られる準備。動員《モビリザシオン》だ。いちどこの力に巻きこまれると、友だちと会っても身体に震えが走らない。無職のとき、友だちと飲んでいて決まってきかれるこの一言。「いまなにやってんの?」。飲んでるんだよ。そう言いたいのを必死にこらえ、とりつくろってこう返す。「がんばってるんだけど、いい仕事がなくてね」。友だちとたのしく飲むはずだったのに、なぜか労働に動員されている。いっしょにいるのに、だれの身体もみあたらない。震えがない。痛みがない。同情するならカネくれよ。

さて、デジタルテクノロジーがひろまり、労働が消滅しかけているいま、さらにさらにと動員の倫理がスパークしている。二〇〇〇年代前半、自分の「労働の可能性」を示すことは「自分磨き」「セルフマネジメント」といわれて賞賛されていたが、いまそれをポジ

---

*46　前掲、不可視委員会『来たるべき蜂起』四二頁。

ティブに語るひとはいないだろう。しかし語り口がネガティブになっているだけで、言われていることはおなじことだ。仕事があれば、どんなものでもひきうけましょう。ブラックな仕事でも耐え忍びましょう。それでも耐えきれずに辞めるとしたら、自分にこういいきかせるのだ。わたしの個性にあわないだけ。仕事をやめて仕事さがしだ。アピールしよう。自分、はたらけます。

無職、バイト、正社員。あらゆる人びとに動員の倫理が染みついている。しかもいまはコロナ禍だ。高額な授業料をむしりとられ、それを払うためのバイトすらできなくなった学生たちが、どれだけこの倫理にとらわれてしまったことか。共鳴する身体の感覚を失ってしまったことか。そしていざオンライン授業にでてみれば、身体そのものがなくなっているのだ。友だちがほしい。どうしたらいいいか。不可視委員会はこういった。

労働を超えて、労働に抗して自己組織化すること、動員体制から集団的に離脱すること、動員解除そのもののなかに生命力と規律を見出し、それを表現すること。窮地に追い込まれた文明はこうした行為を犯罪とみなし、それを許そうともしない。だがこれこそが、現在の文明を生き延びる唯一の方法なのである。*47

労働を廃絶せよ。これは古くからあるアナキズムのスローガンだ。だがこんにち、それだけでは足りなくなってきている。すでに労働は崩壊しているのだから。しかしその壊れた労働秩序を維持するために、動員の倫理がスパークしている。やるべきことはその動員自体を解除することだ。そのシステムから離脱することだ。動員の倫理を駆逐せよ。労働なき労働の身体を突破せよ。自己管理する自己の身体を殴りとばせ。感じてくれ、痛みを。感じてくれ、震えを。老哲学者、アガンベンのおしえを思い起こそう。ウニヴェルシタス。たかだかオンライン化ごときで、人間の未知の出会いを封じ込められるとおもったら大まちがいだ。誰か一人でもいい。一人でもガムシャラに決起すれば、われもわれもとひとが群がる。おもわぬ知恵が暴れだす。わけのわからぬ技術がうまれる。共同の生が育まれる。無我夢中だ。その力にこだまする生の震動を感じとれ。レボリューション。労働の動員か、それとも生の拡充か。合言葉はただひとつだ。やっちゃえ。

＊47 前掲、不可視委員会『来たるべき蜂起』四三頁。

第7章 懐かしい未来の革命を生きろ

アナーキーの自発

夢ってなに？

くる、きっとくる、みえちゃった

アイ・ハブ・ア・ドリーム。今年、めずらしく初夢をみた。なぜかはっきりとおぼえている。舞台は地元、与野本町。居酒屋の「かさぎ屋」さんで、ドラえもんといっしょに焼き鳥を食べている。うまい。そこにだれかが声をかけてくる。「あと三〇秒しかないよ」。やばい。必死になって無言で串をむさぼり食らう。ふと目をさますと、ベッドのなかだ。うなされていたのか、かの女が「だいじょうぶ？」ときいてくる。「ドラえもんはどうしましたか？」。「……」。口走った瞬間に、われにかえる。そう、夢だったのだ。しかしたしかにいまドラえもんはそこにいた。ともに焼き鳥をほおばっていたのだ。あきらかに現実にはありえないはずなのに、確信にちかいこの感覚。だとしたら、いまここにいるわたしが夢をみているとでもいうのだろうか。いや、そんなわけはない。だけど、だけど。新年早々、とり乱す。これがわたしの初夢だ。

さて、夢のことをおもうとき、わたしがいつもおもいだすのは中国の古典『荘子』である。そのなかに「胡蝶の夢」という一節がある。荘子が蝶になる夢をみたというエピソードだ。せっかくなので、引用してみよう。

昔者《むかし》荘周《そうしゅう》夢に胡蝶《こちょう》と為る。栩栩然《くくぜん》として胡蝶なり。自《みずか》ら喩《たの》（愉）しみて志《こころざし》に適《かな》えるか、周《しゅう》なるを知らざるなり。俄然《がぜん》として覚《さ》むれば、則《すなわ》ち蘧《きょ》（界）蘧（界）然《ぜん》として周なり。知らず周の夢に胡蝶と為るか、胡蝶の夢に周と為るかを。周と胡蝶とには、則ち必ず分《ぶん》有り。此を之《これ》物化《ぶっか》と謂《い》う。

【現代語訳】

かつて荘周（本書の作者。姓は荘、名は周）は、夢の中で胡蝶《こちょう》となった。ひらひらと舞う胡蝶であった。己《おのれ》の心にぴたりと適《かな》うのに満足しきって、荘周であることを忘れていた。ふっと目が覚めると、きょろきょろと見回す荘周である。荘周が夢見て胡蝶となったのか、それとも胡蝶が夢見て荘周となったのか、真実のほどは分からない。だからと言って、荘周と胡蝶は同じ物ではない、両者の間にはきっと違いがある。物化（ある物が他の物へと転生《てんせい》すること）とは、これを言うのである。[*48]

＊48『荘子（上）全訳注』（池田知久訳、講談社学術文庫、二〇一四年）二一七頁。

まず、荘周というのは荘子の名前だ。荘子の「子」は「先生」という意味なので荘先生。この荘周さんが蝶になる夢をみた。きもちよくて、自分が荘周であることを忘れてしまった。ふと目をさますと、わたしは荘周。だけど、もうどっちがどっちだかわからない。荘周が蝶になる夢をみていたのか、蝶が荘周になる夢をみているのか。もちろん、蝶である自分と荘周である自分とはまったくの別物である。別次元に存在している。だがふと目をさました瞬間に両者の境界があいまいになる。別次元の自分が共存している。それが「物化」だ、転生だ。とまれ、胡蝶の夢。

ここでだいじなのは、自分が蝶であるのか、荘周であるのかわからなくなっているということだ。とり乱しているということだ。わたしという主体が揺らぐ。わたしがわたしに疑いをもってしまう。ふつうだったら、「わたしは夢をみた」で終わるはなしだろう。夢と現実はちがう。現実のわたしが夢という想像上のわたしをみたのだと。だけど、ふとめざめたそのとたんに夢が現実のなかにまぎれこむ。別次元のわたしを同時に生きる。すると気づかされるのだ。確たるわたしなどない。なにせ、どんなにわたしが意識を集中させても、おもいどおりの夢をみることなどできないのだから。わたしが夢をみているのではない。夢がわたしを誘うのだ。夢が夢をみさせるのだ。夢に主体などない。それを現実のなかで感じるとはどういうことか。別次元の物が現実のなかに忍びこむとはどういうことか。夢ってなに。あなたがとり乱すためのおまじない。わたしがみているのではない、みられているのでもない。くる、きっとくる。みえちゃった。

中動態はアナキズム

哲学者の森田亜紀は文法学者バンヴェニストのことばをひきながら、荘子の「物化」を「中動態」ということばでとらえかえしている。古代ギリシアでもちいられていた動詞の一形式だ。ふだん、わたしたちはものごとを「能動態／受動態」で考えている。するか、されるか。だけどほんとうのところ、この二つの態は対立するものではない。主語(subject)－述語(verb)－目的語(object)。きほん能動態だ。確たる主体がその意思にもとづいて、なにかをおこなう。あとはそれをひっくり返しているだけのことだ。「わたしは焼き鳥を食べる」。「焼き鳥はわたしに食べられる」と。

だいじなのは、主語であるわたし。あらゆる述語は主語に規定されている。わたしがなにをするのか、したいのか、その目的に縛られているのだ。しかしここで森田は問いかける。ほんとうにそうですか、この世界はそれだけでなりたっていますかと。たとえば、芸術のインスピレーションが降りてきてしまったとき。それは中動態としかよびようのないものではないでしょうかと。

われわれが理解するに、中動態は、能動態・受動態と異なり、「何は……」「何を……」というような項、名詞で表される項の存在を前提しないありようである。既存の項が何らかのはたらきを発する、あるいは受けるということを表すのではない。中動態で表される事態において、主語は動詞の表す過程の中にいわば巻き込まれている。言い換えれば、中動態の動詞は、名詞の主語に従属する述語ではない。中動態によって、われわれは、主語を前提としない述語、さらに言えば、主語に先立ち主語をそこから成立させる述語というものまで、考えることができるように思われる。[*49]

あれがしたい、これがしたい。あのために、このために。そんなわたしに先だって、なにかがとつぜん起こってしまう。おのずとやってしまうのだ。「胡蝶の夢」がそうだ。ミユージシャンに音が宿るときがそうだ。詩人にことばが降りてくるときがそうだ。みえちゃった。きこえちゃった。いっちゃった。そこに主体などない。主語であるわたしを抜きにして、述語がいきなりあばれだす。自由意志をとびこえて、身体が勝手にうごいてしまう。自分で主体的にやっているのではない。他人に強制されているのでもない。能動的でもなく、受動的でもなく。中動態だ。

じゃあ、なぜ中動態がだいじなのか。わたしはそこに無支配《アナーキー》がある、アナキズムがあるとおもっている。これはアナキストのマレイ・ブクチンがいっていることなのだが、およそ古代国家が成立して以来、人類はその支配秩序を肯定することに躍起になってきた。[*50] そして、その土台となってきたのが能動態だ。能動態をベースにした、人間の認識枠組みそのものだ。あらゆる物事を主語中心で考えていく。あらゆる主体がみずからの意思に従って、身のまわりのものを対象として把握する、所有する、使用する。それができる、あたりまえだとおもいこんでいく。

ほんらい、人間は人間を所有などできないはずだ。たとえば、友だちを所有していると

＊49 森田亜紀『芸術の中動態　受容／制作の基層』（萌書房、二〇一三年）二七頁。
＊50 マレイ・ブクチン『エコロジーと社会』（藤堂麻理子、萩原なつ子、戸田清訳、白水社、一九九六年）を参考にした。また、以下のブクチンの解釈については、森元斎「アナキズムの自然と自由」（『HAPAX9　自然』夜光社、二〇一八年六月）を参考にした。

いったらちょっとおかしい。それは友だちじゃありません。だが、国家を前提にものを考えるとはなしは変わってくる。人間の思考様式が変わるのだ。弱小部族に戦争をしかけ、侵略・略奪。戦利品として戦争捕虜をつれかえり、そいつらを奴隷として所有する。人間を物として、対象として把握するのだ。自分の所有物なのだからなにをさせてもいい。人間による人間の支配だ。奴隷制だ。奴隷を酷使して、税をむしりとって富を蓄積。それがよしとされる。文明国家のロジックだ。

ブクチンは、この奴隷制があらゆる支配の原型だという。文明以前には、動物や自然を所有するという発想はありえなかった。人間も動物であり、自然の一部なのだから。対等だ。だけど、人間が人間を支配してからは事情が変わる。人間を所有できるのならば、いわんや動物をや。物として所有できないわけがない。動物を「家畜」として飼育する。農耕のために、食用のために、なにをやってもかまわない。増産せよ、肥え太らせろ、貪り喰らえ。ああ、便利。自然もそうだ。その領土を手にしたならば、人間はいくら森林伐採してもかまわない。いくら山を削ってもかまわない。いくら海を汚してもかまわない。われわれは自然を「資源」を所有しているのだから。

たぶん、いまそれほど強調しなくても、この文明国家のロジックが破綻しているのはあきらかだろう。人類学者ジェームズ・C・スコットがいっているように、疾病ひとつを例にとっても、人類は文明を加速させるたびに絶滅しかけてきた[*51]。戦争をやれば、負傷して免疫力の衰えた兵隊が病原菌をもちかえる。世界で戦争をすれば、世界中で流行病がまん延していく。スペイン風邪だ。未開の地を切り拓けば、住みかをうしなった動物や虫たちが未知のウイルスを運んでくるし、そのウイルスが家畜を媒介として変異でもすれば、もうとりかえしがつかない。巨大都市に人口が集中すればするほど、ウイルスはハッスルしていく。コロナだよ。

はなしをもどそう。能動態を土台とした認識の枠組み。それがものがたっているのはなにか。支配だ。人間による人間の支配だ。ものごとを主人と奴隷の関係でとらえるということだ。主人の欲望を生きるということだ。主体（subject）であるあなたが、わたしを対象（object）として把握する。おなじ人間でありながら、人間を物とみなして所有する。自分もその一部でありながら、動物や自然を物とみなしてわがものにする。奴隷だ、家畜だ、資源だ。すべては主人の欲望のために。富の蓄積のためであれば、なにをやってもか

＊51　ジェームズ・C・スコット『反穀物の人類史』（立木勝訳、みすず書房、二〇一九年）。

まわない。支配、支配、支配。ああ、もううんざり。

どうしたらいいか。自分が主人になるのではダメだ。それではあたらしい支配をつくるだけ。とうぜんながら、奴隷になるのでもダメだ。よりひどい支配をうけるだけ。ならばどうしたらいいか。主人でもなく、奴隷でもなく。文明のロジックを突きぬけろ。その認識枠組みそのものをとびこえるのだ。能動でもなく、受動でもなく。中動態だ。だれかがなにかをわがものにするためではない。富も所有もヘッタクレもない。無支配上等、それ常識。損得勘定を抜きにして、われしらずにうごきだす。身体が勝手にうごいてしまう。みえちゃった、きこえちゃった、いっちゃった。やっちゃえ。ただひとと出会うだけで、ただ動物としりあうだけで、ただ自然とふれあうだけで、その契機はやってくる。どこからともなくやってくる。現実とは夢をみながらあるくものだ。いいかえておこう。中動態はアナキズム[*52]。ドラえもんと焼き鳥が食べたい。

未来志向に気をつけろ

はなしを前章にもどそう。ポストフォーディズムだ。労働なき労働秩序。掘り下げてみたかったのは時間のはなしだ。いちどでも就職活動をやったことがあるひとならわかるとおもうが、いま労働意欲をもつということは、過剰なほど未来志向になるのとおなじことだ。まともな仕事なんてないとわかっているのに、未来にむかってポジティブにならざるをえない。どんな困難にもめげず、将来にむかって突きすすんでいく。そうするように自分を動機づけなければならない。

なぜか、だれもそこに躊躇しない。キャリアデザインをして、自分の個性や性格を分析して、こういう仕事につくために、こういうキャリアを積むために、こういう資格をとって、こういうメンタルトレーニングをして、こういうボランティアをして、こういう仕事を経験して、理想の未来をつかみとる。この時代、仕事にあぶれ、昼間からプラプラしているのがあたりまえになっているけれども、そのドロップアウトですら、将来のための布石とみなされる。トライへのワンステップだ。ハイパーポジティブシンキング。いいね。未来志向に気をつけろ。

こういうことを言うと、おまえはいちども就職したことないじゃないか、偉そうなこと

＊52　中動態とアナキズムについては、白石嘉治氏との対談から示唆をえた。栗原康、白石嘉治『文明の恐怖に直面したら読む本』（Pヴァイン、二〇一八年）をどうぞ。

を言うんじゃないよとツッコミをいれてくるひとがいるかもしれない。ごもっともだ。でも、じつは人生でひと月だけ就活をしたことがある。あれは三〇代半ばのこと。当時、つきあっていた女性に「おまえはたらけよ」とせっつかれて、さすがに少しははたらかないとフラれそうだったので、予備校バイトをやったことがある。人生初、履歴書を書いた。これがもう未来志向。なにせ、自分の人生が予備校でおしえるためのものであったかのように装わなければならないのだから。

「わたしが大学で政治学を学んできたのは、貴校で教鞭を振るうためであったのです」。しかしここでクリアしなければならない難問がある。大学を卒業してからの空白期間が長いのだ。まだ大学院の八年間はなんとかなる。予備校でおしえるために、みずからの知見を深めておりましたと。だがその後、五年くらいは埼玉の実家で寝てすごしていた。いわゆるニートだ。たまに親から小遣いをもらってタバコを買い、東京で友だちと酒を飲みにいく。あとはデモにいってビラを撒いたり、わけのわからぬことを叫ぶだけだ。「モアタックス、ノータックス、カネクレヨ」。履歴書に書けない。だがこれもトライへのワンステップだ。「わたしはこの五年間、ひとまえで自分が学んできたことを表現するトレーニングを積んでおりました」。バッチシだ。

こうして歴史は捏造される。現時点から都合よく自分の人生が書きかえられるのだ。むろんあからさまなウソだと、すぐばれる。だから、ほんとうにそうおもっているかのように努めなければならない。わたしなどは一か月だけだったけれど、これを何年もやり続けていたら、ほんとうにそうおもってしまうだろう。捏造した歴史を自分の歴史だとおもいこむ。レッツ・キャリアデザイン。

ちなみに、わたしはこのとき履歴書で落ちまくった。なぜだ。そうおもって、会社で人事担当をしたことのある友人に相談したら、理由はすぐに判明。わたしは履歴書の末尾にこう書いていたのだ。「死を賭して働きます」。いわゆる決めゼリフだ。社畜ってこういうものだろうと。だが友人にいわせればそれがダメなのだという。社畜というのは、自分でいわなくても無意識的に、おのずと会社のために命を捨ててはたらくものだ。選択の余地はない。だから口にだして意識的に「死を賭してはたらきます」といっている時点で終わっているのだ。迷いがある、選択できるとおもっている。そんな奴はぜったいに雇わないと、友だちに断言された。ガーン。社畜、深すぎだ。そして怖すぎる。

管理《コントロール》型権力ってなに？
ノーフューチャーは利用される

なにがおこっているのか。時間だ。時間による支配のかたちが変わってきているのだ。フォーディズムからポストフォーディズムへ。一九九〇年代、哲学者のジル・ドゥルーズはこれを「規律型権力」から「管理《コントロール》型権力」への転換だといっている。[*53] 規律型というのは、まえにはなしたミシェル・フーコーの規律訓練だ。監獄でも学校でも工場でも、人間を長期間おなじ場所に閉じこめて標準的な身体にしつけていく。監禁だ。逸脱すれば懲罰をくわえ、服従すれば報奨をあたえる。その評価が高ければたかいほど、社会的にみとめられる。社会復帰もできる、出世もできる。

はたらけばはたらくほど生産性があがる、収入もあがる。車を買う。家庭を築く。家を買う。努力したその先に約束された将来のビジョンがみえる。直線的な時間の道筋がみえる。それをみんなで共有していく。何年もおなじ空間にいて、おなじようなことを経験するのだ。みんなの過去が蓄積される。それにもとづいて、みんなの未来が構築される。みんなでしあわせの一本道をあるいてゆこう。模範的な囚人になれ、学生になれ、労働者になれ。あかるい未来を手にするために、みずからの意思ですすんで従う。自発的服従だ。

しかし、それがいまあきらかに変化してきている。

監禁は鋳型であり、個別的な鋳造作業であるわけだが、管理のほうは転調であり、刻一刻と変貌をくりかえす自己＝変形型の鋳造作業に、あるいはその表面上のどの点をとるかによって網の目が変わる篩《ふるい》に似ている。[*54]

規律型権力の「監禁」は「鋳型」みたいなものだった。時間はかかるけど、いちどあなたはこういうひとですよと、主体の型をつくってしまえば、あとはおなじことをやっていればいい。だが、いまはそうはいかない。将来のことを考えても、安定した仕事などほとんどない。非正規雇用がメインになって、工場にずっとひとがたむろする必要もなくなった。これからデジタル化がすすめば、テレワークにオンライン授業。やろうとおもえば、

＊53　以下、管理型権力と現在主義の記述については、酒井隆史『完全版　自由論』（河出文庫、二〇一九年）を参考にした。
＊54　G・ドゥルーズ「追伸――管理社会について」（『記号と事件』宮林寛訳、河出文庫、二〇〇七年）三五九頁。

オフィスにも学校にもひとが集まらなくてよくなるだろう。共有された過去の記憶はなくなった。それによって形作られる「鋳型」もありはしない。これが主体だという主体はないのである。わたしってなに？

じゃあ、なにがあるのか。ノーフューチャー。おまえたちに未来などない。おしまいだ。たえずそのことばを突きつけられる。こうすればよいという決まった道のりはない。いくらがんばって勉強しても、いくらがんばってはたらいても、きっとしあわせな人生は待っていない。あるのはリストラ、地獄の労働。いまよりも悪い人生それだけだ。未来などない。しょうじき、はじめから決まったことに縛られないのはいいことじゃないかとおもえてしまうのだが、なかなかそうはならない。ノーフューチャーは利用される。国家や企業に都合のいいようにつかわれてしまうのだ。

確たる主体も未来もない。いつも不安にさらされる。いまの権力はそれを煽り、抑圧し、操作する。管理型《コントロール》権力だ。国家は社会保障費を削減するだけでいい。企業はかるくリストラするだけでいい。みんな意識していなくても、いやおうなく将来に不安をおぼえる。さらに関係ないはずなのに地球温暖化、原発爆発、コロナの大流行でアポカリプスを突きつける。絶対的恐怖だ。判断停止。明日などない。いましかない。現在主義だ。いま死ぬかもしれないと極度の緊張状態を強いられる。すると考える余地もなく、おのずと駆りたてられてしまうのだ。結果などどうでもいい。生きのびるためになんでもやれ。いまこの瞬間におまえの人生を凝縮しろ。

ほんらい時間をかければあれもこれもできたはずなのに、これもできたはずなのに、そうした可能性は破棄される。いまのわたしができるのはこれだけだ、これがわたしの未来だと、そのつど自分を未来に投企する。自分を変えていく、あらたな自分をかたちづくる。「転調」だ、「自己＝変形」だ。だがそれは可能性でもなんでもない。いまおもう未来のわたしなのだ。いま生きのびるための、いま仕事を得るためのわたしなのだ。そのためだったら、なにをやってもかまわない。なにをされてもかまわない。自分の人生を捏造しても問題ない。おもいこめばウソもホントだ。奴隷労働を強いられて、リストラされても問題ない。トライへのワンステップだ。わたしはこの仕事をするために生きてきた。なんでもします。キャリアデザイン。まとめておこう。

規律型権力＝鋳型、確固たる主体、直線的な時間
管理型権力＝転調、自己変形、現在主義／極度の未来志向

未来がないからこそ極度の未来志向になる。確たる主体がないからこそより強固な主体がたちあがる。これほど国家にとって、企業にとって、便利な人間たちはいないだろう。なにせ労働に未来がないのに、みずからの労働の可能性をアピールしてくれるのだから。しかもそれを、死を賭してやってくれるのだ。長時間労働をさせてもいい。身体を壊してもかまわない。セクハラされてもパワハラされてもかまわない。明日などないのだから。いちど強烈な死の恐怖に囚われると、将来から自由になるのではない。過度に将来に囚われるのだ。時間による支配が徹底される。考える余地はない。無意識的にそうしてしまう。これを「自発的服従」といってもいいかもしれないが、ここでいう「自発」は自分の意思ではない。自《おの》ずとだ。目のまえに死を突きつけられて、おのずと服従してしまう。管理型権力ってなに。ノーフューチャーは利用される。

自然法爾《ほうに》ってなに？
この現世に過去の未来が帰還する

さて、もういちど問いなおしてみよう。ノーフューチャー。自分に死を突きつける。ゼロになる。だがその先によりよい自分を、あたらしい主体を立ちあげようと駆りたてられてしまう。そうして国家や企業にとって、都合のよい人間をつくりだしてきたのが管理型権力だ。どうしたらいいか。意識的に逆らうだけではダメだ、反抗するだけではダメだ。無意識的に、おのずと服従させられてしまうのだから。意識して逆らうことはできないのである。サボれない。どうしたらいいか。無意識的にサボる。おのずとサボる。それはどういうことなのか。無支配《アナーキー》の自発だ。

自発とはなにか。「自《おの》ずと発する」。このことばを考えるとき、あたまにパッとおもいうかぶのは鎌倉時代のお坊さん、親鸞だ。正直、わたしは念仏をとなえながら、あらヨと踊ってしまう一遍上人のほうが好きなのだが、「おのずと」ということばを突き詰めて考えたのは親鸞だろう。[*55] この一点だけを考えていたといっても過言ではない。せっかくなので、かんたんに紹介してみよう。

まず、浄土教とはどんな思想なのか。その特徴は時間のとらえかたにある。浄土。死後の世界に極楽浄土があるということだ。みんな死んだあと地獄に堕ちたくないですよね、

---

*55 一遍上人については、拙著『死してなお踊れ 一遍上人伝』(河出文庫、二〇一九年)をどうぞ。

極楽にいきたいですよね。そこにいざなってくれるのが仏さまですよと。だが、旧来の仏教勢力はそういう世界観を利用して、人びとを支配してきた。時間による支配だ。仏門にくだり、何年もきびしい修行を積んで、経典を読みこなして、教団の幹部たちに気にいられてお墨付きをもらえたひとだけが救われる。あるいはお寺に寄進をしてくれた徳の高い貴族や武士だけが救われる。この時点で貧乏人は排除。そもそも文字が読めないのだから。救われたければ偉いお坊さんを崇めなければならない。地獄は嫌じゃ。これに異をとなえたのが親鸞の師匠、法然だ。仏がそんなケチくさいことをするわけがない。一切衆生、だれでも救いますよと。

逆にこれだけわたしのために奉仕してくれたから、これだけカネをかけてくれたから救いますよといったら、もう仏ではない。ただの人間だ。仏は見返りをもとめない。それをもとめるのは、人間を能力や金銭で優劣のはかりにかけ、ヒエラルキーをもうけようとする人為的な作為にほかならない。民衆を支配しようとする権力にほかならない。だから法然は仏教のなかから、その作為をひっこぬこうとした。見返りをもとめる心そのものを破壊しようとした。努力などしなくていい。ただ念仏をとなえろ。南無阿弥陀仏。[*56]「南無」とは「帰依する」という意味だ。「阿弥陀仏」の名をよぶだけでいい、その名を念じるだけでいい。そういったのだ。無数の経典を読み尽くしたうえで、そういったのだからハンパない。狂気の沙汰だ。

しかしこれならだれでもできる。だれでも救われる。なにより権力の根っこにある人為的な作為を打ち砕くことができる。自分の努力に見返りをもとめる、その「自力」そのものを吹っ飛ばしてしまうのだ。われわれは念仏をとなえ、仏の力に導かれておのずと救われるのだと。法然はその力を「他力」とよんだ。弟子の親鸞がさらに極めようとしたのは、この思想である。ひとがおのずと極楽にいざなわれるとはどういうことか。その思想に徹するならば、念仏すら疑わなければならない。だって、もし念仏によって救われるというのであれば、それは自分の行為に見返りをもとめているのだから。自力である。不徹底。もっと先へとすすまなくてはならない。

親鸞はこういった。念仏をとなえて救われるというその心を捨てなくてはならない。念仏を信じるな。それが念仏を信じるということだと。ガーン。なにをいっているかわかり

＊56 南無阿弥陀仏ということばの意味については、柳宗悦『南無阿弥陀仏』（岩波文庫、一九八六年）を参考にした。

ません。しかしこれが親鸞にとっては実感としてもわかるものだったのだとおもう。一二〇七年、法然門下は旧仏教勢力と手をくんだときの権力者によって弾圧をうける。なにせ南無阿弥陀仏だけですむのなら、寺も教団もその権威もなくなってしまうのだから。親鸞の兄弟子二人は処刑。法然も親鸞も流刑となった。承久の法難だ。きっとこのときなんども念仏をとなえ、仏さまたすけてとねがったことだろう。だが、仏は救ってくれない。兄弟子たちは無惨に斬り殺された。

おんどりゃー。なにが仏だ、このやろう。二度と信じてやるものか。そうおもったにちがいない。親鸞はいちど坊主であることもやめている。だがそれでもだ。なぜかふと口ずさんでしまう。「なむあみだぶつ」。気づけば、流刑の地、越後で村人たちに念仏をひろめていた。オレはもうお坊さんではないよ、ただの愚かなハゲでございます。「愚禿《ぐとく》」と名のる親鸞に、村人たちが親しみをおぼえる。われもわれもとついてくる。親鸞もなにかに衝き動かされるかのように念仏をとなえる。弾圧されてぶち殺されてもかまわない。ただ叫ぶのだ。なむあみだぶつ。自分の意思ではない。はじめからそうすることが決まっていたかのように、他人に手を差し伸べる。この実感が、かれの念仏思想を決定づけたのだとおもう。「絶対他力」。親鸞はその神髄をこういいかえている。「自然法爾《じねんほうに》」だ。

自然法爾ということ。

自然の自はおのずからということであります。人間の側のはからいではありません。然とはそのようにさせるという言葉であります。そのようにさせるというのは、人の側のはからいではありませんから、それは如来のお誓いでありますから、法爾といいます。法爾というのは如来のお誓いでありますから、だからそのようにさせるということをそのまま法爾というのであります。[*57]

わかりやすい。わかりにくいとしたら、「法爾」「如来のお誓い」のところだろうか。如来とは阿弥陀仏のこと。お誓いというのは、阿弥陀仏がたてた請願のことだ。ここだけすこし解説しておこう。仏教では、極楽にいろんな仏がいることになっているのだが、阿弥陀仏はそのなかでも最も慈悲深いとされている仏のことだ。『無量寿経』という経典を読

＊57 親鸞「消息集」（『歎異抄、教行信証 Ⅱ』石田瑞麿訳、中公クラシックス、二〇〇三年）二六〇頁。

むと、そのなかに阿弥陀仏・創生秘話がでてくる。[*58] こういうものだ。昔々、あるところに法蔵菩薩というひとがおりました。菩薩というのは修行をつんで、仏になる一歩手前まできたひとのことだ。ある王国の王子さまだったのだが、あらゆる人びとを苦しみから救いたいとおもい、出家しました。

この法蔵さん、とても素敵なひとだったらしく、すぐに極楽に住んでいる仏たちからお声がかかった。そろそろあなたも仏になりませんかと。しかしここでわれらが法蔵さん、仏たちに見栄をきる。なにを言うか、この世界にはまだ救いをもとめている民衆たちがこんなにいるじゃないか。オレはこれから生まれてくる人たちもふくめて、一切衆生が極楽にいくのでなければ、それまで仏になどならないぞと。かっこいい。それで四八の誓願をたてた。「如来のお誓い」だ。そのうちのひとつにこうある。「だれかがオレの名を呼んでくれているのに、そいつが極楽にいけないのであれば、オレは仏になんぞならない」。それから長い年月がすぎて、法蔵の請願はすべてかなえられる。こうして法蔵は仏となり、阿弥陀仏を名のりましたとさ。めでたし、めでたし。

法然はこのはなしを経典で読み、だったら阿弥陀の名をよべばいいだけじゃないか、「南無阿弥陀仏」といいはじめる。ここに親鸞はさらに画期的な解釈をくわえてくる。[*59] 経典によれば、法蔵が阿弥陀になったのは十劫《じっこう》まえとされる。「劫」とは時間をあらわすことばで、宇宙が誕生してから消滅するまでのことだ。十劫だから、宇宙の生滅が一〇回くりかえされたということだ。さいきんの研究では、宇宙の寿命は一四〇〇億年らしいから、一兆四〇〇〇億年まえだ。そのくらいまえに法蔵の願はかなっている。ということは、われわれは一兆四〇〇〇億年まえに、いちど極楽にいっているということではないか。われわれは極楽という死後の世界を過去に生きている。一兆四〇〇〇億年まえの未来だ。もはやなにが時間かわからない。「如来のお誓い」とはなにか。この現世に過去の未来が帰還する。これからわたしがやることは一兆四〇〇〇億年まえからやると決めていたことだ。絶対他力。その抗いえない力をわがこの身で感じとれ。

まとめよう。自然法爾とはなにか。おのずからそうさせる。自分に死を突きつける、ゼロになる。ふと阿弥陀の力に導かれる。恐怖はない。緊張感はない。いまこうしなければならないという切迫感もない。そんなチンケなおもいはすべてふっとんだ。一兆四〇〇

＊58 阿弥陀仏の誕生物語については、『浄土三部経（上）無量寿経』（中村元、紀野一義、早島鏡正訳、岩波文庫、一九九〇年）を参考にした。

＊59 親鸞『歎異抄、教行信証 Ｉ』（石田瑞麿訳、中公クラシックス、二〇〇三年）を参考にした。

億年まえから、あなたの未来が還ってくる。あとはそこに身をまかせるだけのことだ。たとえ殺されるとわかっていても、口から念仏がとびだしてしまう。はじめからそうすることが決まっていたかのようにとなえてしまう。はじめてやることなのに、その未来に懐かしさを覚えてしまう。あたりまえのように身体がうごく。やがて震えて踊りだす。抗いえないその力。なにものにも支配されないその力。アナーキーの自発だ。未来は過去を変えられない。過去が未来を変えるのだ。現在を爆破せよ。なむあみだぶつはダイナマイト。

革命は天也、人力に非ざる也

どうだろう。「自然法爾」のはなしをきいて、さいしょに紹介した荘子の思想に近いとおもったひとはいないだろうか。ピンポン。じつはもともと人為的な作為と対比して、自然でゆけといっていたのは荘子である。これは中国思想の研究者、森三樹三郎がいっていることなのだが、どうも中国で浄土教の経典を整理し、注釈書をかいた曇鸞《どんらん》というひとが荘子の影響をもろにうけていたらしい。[*60] そして、その注釈書を読んだ法然、親鸞が他力ということばをつかって、その思想を展開していく。

さらにだ。近代にはいり、この荘子の影響をうけてアナキストになった革命家がいる。

大杉栄の兄貴分、幸徳秋水だ。[*61] 一九一〇年、天皇の爆殺をはかったとして逮捕され、翌年、処刑されたアナキストである。世にいう大逆事件だ。ちなみに「秋水」はペンネームなのだが、これは『荘子』の一節からとった名だ。では、秋水のどこに荘子の影響がみられるのか。いちばん大きいのは革命観だ。秋水はよく友人たちにこういっていたという。革命は為すものではない。成るものだ。「水到つて渠《きよ》成る」[*62]。水が流れて自然と溝をつくるように、革命はおのずとなるものだ。これは秋水がアナキストを名のるまえのものだが、かれの革命観がよくわかるので引用してみよう。

夫れ然り、革命は天也、人力に非ざる也。利導す可き也、製造す可きに非ざる也。其来るや人之を如何ともするなく、其去るや人之を如何ともするなし。[*63]

＊60 森三樹三郎『老荘と仏教』（講談社学術文庫、二〇〇三年）を参考にした。
＊61 幸徳秋水の評伝としては、たとえば絲屋寿雄『人と思想51 幸徳秋水』（清水書院、二〇一五年）をどうぞ。
＊62 幸徳秋水『社会主義神髄』（岩波文庫、一九五三年）五七頁。
＊63 前掲、五四頁。

これは『社会主義神髄』の一節だ。「革命は天也、人力に非ざる也」。誤解しないでほしい。「人力に非ざる也」といっても、なにもしなくていいといっているのではない。人為的な作為はいらないといっているのだ。あれこれと損得勘定をして、いまの支配秩序よりもこちらの秩序のほうがいいからやるのではない。そんなことをいっていたら、「合理的選択」をふりかざし、他人を支配しようとする連中があらわれるだろう。いまはこれが最善の選択だから、こうしなければならないのだ、おまえら従えと。人間的、あまりに人間的な。現にある「人力」だけが問題なのではない。「人力」そのものが問題なのだ。

おそらくこの本を書きはじめたとき、秋水のあたまには理想的な未来のビジョンがあったはずだ。しあわせの一本道。社会主義の実現だ。それこそ「人力」や「製造」の力で、人類は産業組織を進化させてきた。飛躍的に生産力を向上させてきた。だが、それでうみだされた富を一握りのブルジョアが独占し、実際にはたらいている労働者たちが貧乏で苦しいおもいをしている。ならばその富と産業組織を奪いとり、労働者みんなで平等に管理するだけのことだ。革命にいたるプログラム。こういう原因があるからこういう結果がある。ああしたらこうする、しなければならない。すべてが因果関係で結ばれていく。それ以外の行動の余地がなくなっていく。

しかし本の後半部、いま引用したくだりになると、秋水はとつぜんそれまで書いてきたことを翻してしまう。ぜんぶ台無しにしてしまうのだ。「革命は天也」。どんなに美しい理想を掲げていても、目的にむかってひとを動員するのではいけない。それは人間を道具的にあつかうだけのことだ。その人間がつかえるかどうか、有用性で秤にかけるだけのことだ。つかえないやつはムチを打ってでもはたらかせろ。それで食わせてやるのだから文句はいえないと。どこにいっても主人か奴隷か。人為的にもうけられた権力だ。「人力」の革命。そんなの革命ではない。ただの支配だ。

ならば革命とはなにか。それは天にいざなわれ、おのずと起こってしまうものだ。あらゆる「人力」をふっとばし、荒ぶる力で更地にもどす。その力をわがこの身に宿らせろ。目のまえでひとが倒れたならば、われ知らず助けおこす。権力者たちの非道に憤慨すれば、わがこの身が奮え起つ。爆発じゃあ。そこに人為はない、打算はない。主体的な意志が消えていく。アナーキーの自発が活躍していく。やろう、ていうか、やるな。やっちゃった。それが秋水の革命観だ。しかしもし革命は自然に成るものならば、人間にはなにもすることはできないのか。なにをやっても「人力」なのか。否、否、否。三度、否。秋水いわくだ。革命は「製造」できない。だが「利導」することはできる。プログラムはない。だが予見することはできる。答案はない。だが実験することはできる。試してみれば、なにかがはじまる。想像力が因果関係をこえていく。因果なき思考に躍動していく。

起て、世界人類の平和を愛し、幸福を重んじ、進歩を希ふの志士、仁人は起て。起つて社会主義の弘通と実行とに力めよ。予不敏と雖も、乞ふ後へに従はん。[*64]

なんど弾圧されても、いつか殺されるとわかっていても、その筆がとまらない。おのずと書いてしまうのだ。書いちゃった。革命は天也。幸徳秋水の中動態だ。起て、世界人類の平和を愛する者たちよ。志士、仁人は起て。浄土にいざなわれていくかのように、われ知らず決起していく。その姿に触発されて、われもわれもと奮え起つ。燎原の火の如くだ。主体的にやっているのではない。他人に強制されてやっているのでもない。主人でもなく、奴隷でもなく。能動的でもなく、受動的でもなく。「爆弾の飛ぶよと見てし初夢は 千代田の松の雪折れの音[*65]」。懐かしい未来の革命を生きろ。幸徳秋水の実験はまだはじまったばかりだ。夢をなめるな。

＊64　前掲、幸徳秋水『社会主義神髄』五九頁。

＊65　一九一〇年一月、幸徳秋水が同志たちに送った詩。「千代田」とは「皇居」を意味している。爆弾が投げ込まれ、松が折れる音がした。初夢だ。

第8章 失業者のストライキ

所有じゃねえよ、居住だよ

相互扶助は爆発だ

まえに、きたろうの話をしたのをおぼえているだろうか。野良猫のきたろうである。いろいろあった。二月中旬のことだ。一週間ほど姿をみなかったので心配していると、きたろう仲間の女性から連絡がはいった。近所に住んでいるAさんだ。話があるというので、連れ合いと一緒にいってみると、きたろうが危篤状態だという。その日の夕方、いつものようにAさんが買い物から帰ってくると、玄関の前できたろうが死んだように転がっていた。ピクリともしない。ヤバい。きたろうを自転車カゴに放りこみ、急いで病院につれていった。診断はネコエイズだ。

人間のエイズとおなじで、免疫力がなくなってケガや病気が治らなくなっていく。いまは口内炎がひどくて、食事がとれないのだという。あの丸々していたきたろうが、ガリガリになって餓死寸前だ。その日は栄養剤を注射してもどってきた。わたしたちが呼ばれたのはその帰りだ。Aさんいわく。このネコエイズ、治ることはないのだが、インターフェロンという注射をうって、免疫力をもどすことはできるのだという。週一回、それを四回ほど繰り返して、そのあいだにきたろうが死なないように、週に二回ほど病院につれていって、栄養剤をうたなければならない。もちろん、それだけしても助かるかどうかはわからない。免疫力がもどらずに、そのまま死んでしまうかもしれない。きたろうしだいだ。どうしたものか。そういう相談だった。

むろん、やりましょうだ。ちなみに、今日はいくらかかったのかときいてみたら、四万円だという。なにぃ。あまりの金額に動揺してしまったが、さすがにひとりでそれはきびしすぎる。分担しましょうと提案した。なにせこれから注射一本をうつのに、一万円以上はかかるのだから。わたしたちの他にも、きたろう仲間がふたりほどいる。Aさんが声をかけてくれて、すぐに合意形成。やることが決まっていたので、全員一致でおカネは平等に負担することに決定した。

なぜか死んだあとの話にもなって、葬儀費用もだすことにした。いちばん安いところで火葬しよう。遺骨を埋める候補地まで決めた。ほんとうのところ、そこは他人の私有地なのだが、きたろうのお気に入りの場所だからしかたがない。掘っちゃえ。Aさんが「バレなければいいのよ」と言っていた。わたしも賛成。この間、わたしはアナキストの友人とも会議らしきものはやっていなかったし、とうぜん会社勤めもしていないので、ほんとうにひさびさだったのだが、こういう会議ならいくらでもこいだ。

しかしきたろうの日常的な世話はどうしたらいいか。いまは免疫力がないので、いつものようにケンカして血まみれになったら致命的だ。どこかの家においておかなくてはならない。するとAさんが「大丈夫です」という。なにが大丈夫なのだろう。わたしが「お仕事は？」とたずねると「辞めてきた」という。えっ。どうも一か月くらい仕事を辞めても、すぐに復帰できる仕事なのだという。なんの仕事だろう。そんなやりとりをしていたら、きたろうが吐血してまたぶっ倒れた。するとAさんが慣れた手つきで手際よく介抱しはじめる。あれ、もしかして。そう、Aさんは看護師だったのだ。コロナ禍で忙しいなかプロの医療従事者が人間ではなく、つきっきりできたろうの看病をするという。まわりになにを言われても、とにかくきたろうを救うのだ。SAVE KITAROU。無敵だ。わたしたちはAさんが外出するときだけ、きたろうの世話をすることにした。

それからしばらくして、きたろうがはじめてわが家にきたときのことだ。まだ固形物がとれないので、病院で買ってきた栄養倍増チュールを食べさせて、ソファーで寝かしつけようとしていたら、きたろうがトイレにいきたそうなそぶりをみせはじめた。わたしが段ボールでつくったネコトイレまでつれていくと、やりはじめたのだ。ベリベリベリベリ、パンパンパンパンパーン！　下痢だ。それも猛烈な。液体しかとっていなかったので、もうウンコ大爆発である。ヒャア。みていたかの女が悲鳴をあげる。だが問題はない。わたしは、糞尿のことはまかせてくれと親指をたてた。

まえに言ったかもしれないが、わたしは年末にコロナに罹り、その後、二か月ほど後遺症で嗅覚がなくなっていた。まったく臭いがわからない。そんなわたしにはトイレ掃除がもってこい。バッチグーだ。そう思いながら、きたろうのウンコを処分していると、そのときのことだ。どうやらわたしはネコの糞尿をなめていたらしい。ツーーン。う、うう、アァッ。くさい、悶絶だ。

あれ？ そう、あまりの臭さに嗅覚がもどっていたのだ。わたしがめっちゃ笑顔でウンコの臭いをかいでいたら、最初は「なにをやっているんですか」と言っていたかの女だったが、すぐに察したらしく、二人で「やった」と喜びをわかちあった。実はその間、歩きまわっていたきたろうの足にウンコがへばりついていて、家の廊下が糞まみれになるのだが、そんなことはどうでもいい。いったい誰が誰を介抱しているのか。わたしはきたろうに救われた。これがほんとの相互扶助だ。

ところで、わたしはいま相互扶助ということばをつかったが、それってなんなのか。アナキストがだいじにしていることばなので、簡単に紹介しておこう。相互扶助とはなにか。それは人類をふくめ、あらゆる生物が損得勘定抜きで、たがいに助けあう力をもっているということだ。そして、その力は生きとし生けるものが共同の生をいとなむ基礎なのだと。アナキストのピョートル・クロポトキンはこう言っている。

社会が人類の間に依つて以て立つ基礎は、愛でもなく、又同情でもない。それは人類共同の意識、よしそれが僅かに本能の域にとどまつてゐるとしても、兎に角に此の意識の上に基づくものである。相互扶助の実行によつて得られる勢力の無意識的承認である。各人の幸福がすべての幸福と密接な関係にある事の無意識的承認である。又各個人をして他の個人の権利と自己の権利とを等しく尊重せしめる、正義若しくは平衡の精神の無意識的承認である。[*66]

わが子を愛しているから助けるのではない。善良なひとがひどい目にあうのがかわいそうだから助けるのではない。もちろん、それでひとに手をさしのべるのは悪いことではないし、むしろよいことなのだが、相互扶助というのは、そうやって意識して「あの人はあだからこうする」と計算してうごくものではない。あくまで「相互扶助の実行によつて得られる勢力の無意識的承認」なのである。

目のまえで、だれかが倒れたら無意識的に助けてしまう。助けちゃった。実際、がむしゃらに人を助けているとき、このひとを愛しているからとか、これまでがんばってくれたからとか、恩返しにカネをくれるかもしれないからとか、そんなことを考えている人はいない。そんな余裕はないはずだ。われ知らず、身体が勝手にうごいてしまう。自ずと助けてしまうのだ。力、力、力。アナーキーの自発だ。

あたりまえだけどAさんがきたろうを救ったのは、見返りがほしかったからではない。ネコに恩返しなどないのだから。目のまえできたろうが倒れている。そしたら身体が勝手にうごいてしまう。気づけば、自転車にのって病院にむかっている。気づけば、仕事を辞めて介抱している。われ知らず。わたしたちがきたろうを預かったのもおなじことだ。そこに損得感情などありはしない。自ずとだ。

きたろうがわたしを救ったのもおなじである。ただウンコをしたかっただけのことだ。相互扶助につぐ相互扶助、そしてさらなる相互扶助だ。その連鎖の果てに、予期せぬ力が

＊66 ピイタア〔ピョートル〕・クロポトキン「相互扶助論　進化の一要素」(『大杉栄全集 第一〇巻』大杉栄訳、ぱる出版、二〇一五年) 一八五頁。

爆発していく。もはやだれがだれを救っているのかわからない。損得勘定、見返り、恩返し、その発想自体がふっとばされていく。ネコは恩知らず。おのれの身体からおのずと発するその力をおのれ自身で感じとれ。その力がまたあらたな力を誘発していく。その「勢力」を無意識的に承認しよう。自己組織化の狼煙《のろし》をあげろ。相互扶助は爆発だ。さて、後日談だ。その後、きたろうはぶじに回復。インターフェロンの注射が効いて、免疫力がもどったみたいだ。いまは元気に外をプラついて、ご飯も食べて丸々と太りはじめている。相互扶助とはなにか。きたろう、ふたたび。

あらゆるジョブがブルシットなのだ

去年、アナキスト人類学者、デヴィッド・グレーバーの『ブルシット・ジョブ』が話題になった。残念ながら、日本語訳がでてすぐに本人が死んでしまったのだが、かれがコロナ禍の状況とからめて、本書について発言していたこともあって、世界中でかなり注目をあつめていたのではないかとおもう。内容はすごくシンプルだ。一〇〇年前、経済学者のケインズはこういっていた。このまま資本主義が発達して生産力が向上すれば、週一五時間労働ですむようになりますよと。

おそらく、いまケインズが考えていた以上にテクノロジーは進歩しているだろう。やりようによっては、週一五時間以下の労働ですむようになっているはずだ。それなのにちっとも労働時間が減っていないのはなぜか？　誰もが必死に労働にしがみつき、過労死するまではたらいてしまうのはなぜか？　いまだにいくらはたらいてもカネがなくて、食っていくだけでせいいっぱいの人たちが増えつづけているのはなぜか？　そんな問いに答えようとしたのが本書である。

グレーバーの答えは「ブルシット・ジョブ」だ。直訳すれば、「牛糞の仕事」。たてまえでは、誰もが高収入でうらやましい立派な仕事だというにもかかわらず、実のところ客観的にみても、本人からしてもこんな仕事は意味がない、クソであると思っている仕事のことだ。たとえば、この新自由主義の世のなかでは、どの企業もさらなる効率化がもとめられている。赤字を黒字に変えるために、大量に人員削減。だが、そのためには魅力的なリストラ案を提案してくれるコンサルタントを雇い入れ、それを実行するための部署をつくらなければならない。人員の補充だ。きっとそのつど相談にのってくれる法律家も必要になるだろうし、苦情処理のための部署も必要になってくるだろう。

もしかしたら人を減らした分、デジタルテクノロジーを駆使して社内業務の効率化をはかろうとするかもしれない。システム開発だ。そのためにはあたらしいエンジニアやシステムの設計者が必要になるし、社内に人材がいなければアウトソーシングをしなければならなくなる。全体を統括するためのマネージャーも必要だし、そのひとが開く会議にも膨大な時間が割かれるだろう。どんどんコストがかさんでいく。ぜんぶムダ。効率は非効率。合理化がますます非合理な仕事を生んでいく。だけど、それでも国も企業も合理化につぐ合理化を繰り返し、その極限にまでいきつこうとしている。非合理な仕事が増え続けていく。ムダな仕事しかなくなっていく。誰がなんのためになにをやっているのかわからなくなっていく。それがブルシット・ジョブだ。もはや労働に価値などない。ならば、なぜそれで高い給料をもらえるのか。

究極的に人間を動機づける要素は富、安逸、快楽の追求であったし、そうでなければならないという信念は、自己犠牲としての仕事、すなわち、まさに惨めさとサディズム、空虚さ、絶望の場所であるがゆえにこそ価値あるものである仕事という教義によってつねに補完されてきたし、つねに補完されねばならなかった。[*67]

グレーバーいわく。自分でもクソどうでもいいと思っている仕事をつづけるのは、なによりもつらいことだ。それが意味ある仕事だと装って生きるのは、なによりも非人間的なことだ。懲罰プレイである。だからその自己犠牲の分だけ、見返りに高い収入をもらう。それが現代の労働倫理だ。わたしからすれば、年に何千万円ももらっている企業の重役が「つらい」とグチっていたら「死ね」と罵ってしまいそうだが、グレーバーはちがう。それは大変ですねと寄り添うのだ。いいひとである。

むろんだからよいといっているのではない。現状、その欲求不満がより弱いものたちへの抑圧に転化してしまっているからだ。グレーバーはブルシット・ジョブと対比して、みんなにとってだいじな仕事をしているのに、世間的にはクソだと言われている仕事を「シット・ジョブ」とよんでいる。直訳すれば、「糞仕事」。だけど世のため人のため、みんなの役になっている。たとえば、ケアワーカー。看護師や介護士、保育士のように、他人のことを配慮して、そのひとの心と体をいやす仕事のことだ。広くとれば、芸能や接待業だ

*67 デヴィッド・グレーバー『ブルシット・ジョブ　クソどうでもいい仕事の理論』（酒井隆史訳、岩波書店、二〇二〇年）三一六頁。

ってそうだろう。だがその仕事に就いているおおくの人たちが低賃金だったり、社会的地位が低いとみなされている。

なぜだろうか。現代の労働倫理だ。ブルシット・ジョブ・ワーカーはこう考える。おまえらは懲罰プレイを受けていない。たのしく好きなことをやって、カネまでもらっているのだから給料が低くてあたりまえだと。やりがいのある仕事は労働ではない。しょせん遊びだ。だって自己犠牲がないのだから。非人間的な仕打ちに耐えていないのだから。そこまで言ったうえで、グレーバーはそんなのおかしくないかと問いかける。社会的に有用な仕事をしている人たちが軽んじられている世のなかはおかしくないか。ちゃんとその生活を保障するべきなのではないか。むしろシット・ジョブを「エッセンシャル・ワーク」とよぶべきではないかと。

そんな問いかけをしているうちに、時代はコロナに突入。グレーバーが住んでいたイギリスもふくめて、ヨーロッパではロックダウン。国家が緊急事態を宣言し、経済活動を停止させるところまでいった。そんな情勢をみながら、グレーバーはこういった。みろ、コロナ禍にいたって、必要な仕事とそうじゃない仕事がはっきりしてきたぞ。いらない仕事はなくなっていく。医療従事者が英雄になる。ケアワークはエッセンシャル。そんなことを言っていたやさき、グレーバーは死んでしまった。だがそれから一年。グレーバーが予測したとおりになっただろうか。逆だ。仕事はテレワークでやればいい。ブルシット・ジョブはできるのだ。デジタルテクノロジーの重要性だけが増していく。GAFAM（グーグル、アップル、フェイスブック、アマゾン、マイクロソフト）の権力だけが肥大化していく。目にみえて潰れていくのはサービス業。水商売は店をひらくだけでも不道徳だ。シット・ジョブがさらにシットとみなされていく。

看護師もおなじことだ。死の危険を顧みず、みんなのためにはたらいてくれる医療従事者に、誰もが称賛の声を送るだろう。わたしもコロナに罹ったときはお世話になった。感謝。だがそれであなたたちは英雄だ、エッセンシャルだと声を送りつづけていたらどうなるか。もともと死ぬほど忙しかったのに、さらに負担だけが増していく。サボれない、やめられない、逆らえない。賃金アップはあるかもしれない。それこそ一九六〇年代から、日本の労働運動にとって「やりがいの搾取」との対決は大きな問題だった。[*68] いくらケア

＊68　たとえば、渋谷望『魂の労働　ネオリベラリズムの権力論』（青土社、二〇〇三年）を参照のこと。また日本の労務管理史のなかで「やりがいの搾取」を論じた古典として、熊沢誠『新編　日本の労働者像』（ちくま学芸文庫、一九九三年）をおすすめしたい。

ワークという仕事にやりがいがあるといっても、それで無償労働をさせたら奴隷労働だ、低賃金もよくないことだ。ちゃんと労働者としての商品価値をみとめさせよう。はたらきに見合った賃金を。そういう圧力にはなるだろう。それ、だいじ。

しかしいま、ちゃんとローテーションを考えてくれ、もっと休ませてくれ、労働時間を減らしてくれ、それもできないならみんなで一斉に辞職しますと言ったら、病院の経営者からはこの緊急事態になにを言っているんだ、おまえら患者を見殺しにする気か、不道徳なんじゃないかと恫喝されるだろう。しかも、それをエッセンシャルということばが下支えしてしまう。むしろ、みずからの重要性を内面化すればするほど、看護師はなにも言えなくなってしまう。どうしたらいいか。やめちゃえ。

だいたい、ブルシットだろうとエッセンシャルだろうと、はたらくこと自体が嫌なのだ。人間なのに物として、商品として扱われることが嫌なのだ。第2章でもふれたが、かつてグレーバーは「近代的資本主義は単に古い奴隷制の新しい姿である[*69]」と言っていた。はたらかなければ生きていけない。死ぬぞ。おまえも家族も、みんなが死ぬぞ。圧倒的な死を突きつけられて、労働以外の道が閉ざされてしまう。有無もいわさず、奴隷のようにはたらかされるのだ。かけがえのないケアの力がワークのなかに囲いこまれる。相互扶助がケアワークでしかなくなってしまう。無意識的承認ではない。みずからの商品価値を社会的に承認させなくてはならないのだ。ああ、エッセンシャル！

古代の奴隷たちは、こんなことを言っただろうか。ご主人さまの笑顔、わたしはそれだけで十分です。「やりがいの収奪」だ。おとといきやがれ。逃散しかない。主人の館に火を放ち、山へ海へと逃げていく。末は山賊、海賊か。現代だっておなじことだ。どんなにエッセンシャルな仕事をまかされていても、ほんとうにつらければ仕事など放棄して、いつでも逃げていいのである。はっきりと言っておこう。ブルシット・ジョブとそれ以外のジョブがあるのではない。あらゆるジョブがブルシットなのだ。仕事じゃなくてもやるべきことはいくらでもある。きたろうを救え。

危機は支配の究極原理

このコロナ禍に仕事をやめちゃえと言うと、どうかしていると思うひともいるだろう。

＊69　デヴィッド・グレーバー『アナーキスト人類学のための断章』（高祖岩三郎訳、以文社、二〇〇六年）一二八頁。

仕事をもらえただけでもありがたいのだから、必死にしがみつけよと。どんなにひどいハラスメントをうけても、休みもなくて寝るヒマもなくても、懲罰に耐えるのが現代の労働倫理だ。それができないやつは人間失格。食うにおよばずと。もともと日本ではそういうことをいうひとがおおかったとおもうのだが、ここにきてその圧力がさらに強力になっている。なぜか。国家である。

去年の四月、コロナで緊急事態宣言をだしたとき、日本は異様に中途半端だったのをおぼえているだろうか。アメリカやブラジルでは完全に経済重視で、大統領がコロナに罹っても、こんなの風邪にすぎないと言ってのける。もちろんカネはださない。逆にヨーロッパではロックダウンをして、完全に経済停止。その代わり、休ませた分の給与を補償する。ドイツにいっている友人は申請したら、三日で六〇万円振り込まれたという。日本はというと、どちらでもないし、どちらでもあった。政府はコロナの恐怖を煽りたてる。コロナは危険だ。このままいくと、人類は死滅するぞと。だが緊急事態宣言をだして経済を止めたけれど、休業補償はザルである。

たしか当時首相だった安倍晋三はマスクを配ってすませようとしていたとおもう。狂気の沙汰だ。結局、カネをだすことになったのだが、個人に給付金を配るといっても、最後のさいごまでだししぶり、金額はたったの一〇万円。会社やお店にも支援金を出したが、メインは融資だ。借金である。しかも実際にカネがふりこまれるまでに、どれだけ時間がかかったことか。ひとによっては半年以上かかったのではないかとおもう。これで家賃も払えずに路頭に迷ったひとがどれだけいたことか。お店を潰さざるをえなかったひとがどれだけいたことか。しかもガツンとロックダウンをしないから、ひとの移動はやまなくて、コロナもちっともおさまらない。

マスコミはこれを政府の無策として批判していた。そういって民衆の怒りを煽っていく。だが、実際のところどうだったのか。たしかに安倍はなにも考えていなかったかもしれないが、その無策の効果は絶大だ。なにせ経済活動を止められて、それでも生活保障はされると思っていたら、そのカネがなかなかでないのだから。でてもぜんぜん足りはしない。するとこう思わされるのだ。国家からカネをもらわなければ生きていけない。もっともらわなければ生きていけない。国家の命令には絶対服従。なかなかカネがもらえないと、余計に国家への依存度が増していく。国畜だ。

そしてこの感情とは矛盾しているはずなのに、同時にこうも思わされる。カネがない。経済がなければ生きていけない。資本主義がなければ生きていけない。カネを稼がなければば生きていけない。どんな仕事でもいまははたらけるだけありがたいのだから、会社の命令には絶対服従。経済への依存度が増していく。社畜だ。国家や企業にとって、こんなにやりやすいことはないだろう。国家の無策が統治の過剰を生みだしていく。自ら危機を生みだして、ひとの心を恐怖による支配に囲いこんでいく。数年前、フランスのアナキスト集団、不可視委員会は現代の支配についてこう言っていた。

われわれは資本主義の危機を生きているのではない。危機資本主義の圧倒的勝利をみせつけられているのである。「危機」が意味するのは統治の増大である。「危機」は支配の究極原理となった。[*70]

この十数年のうちに、わたしたちはなんども「危機」に出くわしてきた。世界金融危機で企業がバシバシ倒産していく。原発が爆発して、世界の終わりをみせつけられる。コロナで世界経済がロックダウン。だがそれは「資本主義の危機」ではない。「危機の資本主義」だ。このままでは人類の破滅。カタストロフを突きつけられて、だれもがショックで思考停止。非常事態だ。あたふたしているうちに国家から、これが唯一だという救済プランが提示される。生きのびたければ自粛しろ、カネはすこししかださない、生き延びたければ死んでもはたらけ、自粛しろ。

たとえどんなにアベコベなものであったとしても、まるで神にでもすがるかのように、みんなその命令に従ってしまう。選択の余地はない。さしせまった危機を回避せよ。時間はないぞ、急げ、急げ。極度の緊張状態におかれていると、人間の思考というのはスッと上からあたえられた道筋に直結してしまう。希望の未来にすがってしまう。幸せの一本道だ。やがてそれになんの疑いももたなくなる。従わなければいけないとおもいはじめる。従わない者たちをとりしまりはじめる。自粛ポリスだ。そして知らずしらずのうちに、その統治の身ぶりを身体に刷りこまれるのだ。やっぱりいざというときは、国家がなければ生きていけない、経済がなければ生きていけない。だれもが社畜になっていく。国畜になっていく。危機は支配の究極原理にほかならない。

＊70　不可視委員会『われわれの友へ』（HAPAX訳、夜光社、二〇一六年）一二三頁。

激闘！　田中機械
労働者自主管理闘争のゆくえ

なんどでも問いたい。ほんとうに国がなければ生きていけないのか。会社がなくなったら死にますかと。そんなわけはない。むしろやりたい放題できるときもある。なにが危機かよ。せっかくなので一つ、会社が潰れたときの例をあげてみよう。一九七〇年代、労働者自主管理闘争だ。第一次石油ショック以降、世界の例にもれず日本経済も停滞していた。ざっくり言えば、不況だ。だけど大企業はびくともしない。もうからなければその分、下請企業に払っている資金を削ればいいだけだ。

もともと大企業は自動車一つつくるにしても、その部品は下請けの中小企業にまかせていた。とにかく安くつくらせる。ことわったら他の会社にまかせるだけだ。どんどん安くコキつかわれる。あからさまなヒエラルキー。親会社か子会社か。親分子分の関係だ。経済の二重構造である。そして一九七〇年代、経済が停滞してくると、そこにさらなる追い打ち。従わなければ切り捨てるぞと、大企業がさらなるコストダウンを迫ってくる。勘弁してください。倒産続出だ。

しかし、それでも労働者が異様な熱気をはなっている地域があった。南大阪だ。企業倒産があいつぐなか、金属産業の労働組合が怒りの炎を燃えたぎらせる。黙って野たれ死ぬな。やられたらやりかえせ。ひとつの組合では人数が少なくて弱いから、地域ぐるみで闘っていく。たとえば、これは石油ショックまえのはなしになるが、一九七一年、細川鉄工という会社が、口うるさい労働組合を排除するために、右翼まがいのガードマンを雇い入れるということがあった。そいつらが組合員の入社を阻止しはじめる。それをきいた地域の仲間たち。毎日、抗議のために昼休みを利用して、四〇〇人くらいで細川鉄工に押しかけた。わっしょーい、わっしょーい。ガードマンを蹴散らして、工場の敷地になだれこむ。すかさずジグザグデモの決行だ。あとは集会をひらいて、気炎をあげてひきあげていく。それを八六三日間、一日も欠かさずに繰り返した。狂ってるぜ。会社はもうひとたまりもない。すみませんでした。闘争勝利！

あるいは、おなじ一九七一年、九条シャーリングが倒産してしまったときのことだ。とつぜん会社が潰れて、社長もゆくえをくらましてしまった。ふつうだったら、みんな路頭に迷うしかないだろう。会社と交渉するにも、その会社がないのだから。だがこの地域にそんな常識は通用しない。みんなで知恵をもちよって、どうしたらいいかを考える。そして決めたのだ。九条シャーリングの親会社は住金物産だろう。だったら、親会社とドンパチだ。すぐに住金物産に要求をだす。おまえらが責任をとれよ、会社を再建しろ。むろん門前払いだ。ならばと、こんどは地域の組合員たちがそのメインバンクに圧力をかける。連日連夜、住友銀行前に座りこみ、ハンドマイクでがなりたてた。なめんじゃねえぞ。これに音をあげた住金物産。団体交渉におうじ、新会社をたちあげて、ちゃんと雇用も守ることを約束した。圧勝だ。こういう戦術を「使用者概念拡大闘争」という。あるいは、中小企業の背景にある大資本を撃つという意味で、「対背景資本闘争」とよぶ。かっこいい。ネーミングセンス、だいじ。

そんな南大阪の労働組合のなかで、最強の戦闘力を誇っていたのが全国金属機械労働組合田中機械支部だ。[*71] 従業員は五〇〇名にも満たない田中機械の労働組合が、地域の労働運動をひっぱっていた。そしてもじどおり強いのだ。一九六〇年代から田中機械の経営陣は労働組合を潰すために暴力団と手をむすび、ストライキがおこったときには組合委員長、大和田幸治を襲撃させたりしていた。ボコボコだ。だが負けない。闘えばたたかうほど組合の戦闘力が高まっていく。ファイトクラブだ。なんど暴力にさらされても、組合は圧倒的な勝利をおさめてきた。負ける気がしない。

しかし一九七〇年代後半になると、その田中機械も倒産の危機においこまれる。メインバンクだった三菱銀行が貸し渋りをはじめたのだ。しかもその理由が暴力団と関わりのある会社には融資をしないというものだ。そんなのありかよ。組合からしたら、その暴力団と闘ってきたのに。金融資本はくそったれ。カネがない。賃金がでない。でもこのとき組合は未払い分の賃金を会社に請求しなかった。むしろ労働金庫から借金をして、それを会社に貸し付けた。その額、一四億円。なぜそんなことをしたのか。倒産を見越して、先手をうったのだ。いよいよ会社が危ない。だから組合は労働債権を担保にして会社と交渉し、工場施設を譲渡させる協定を結ぶことにした。これで会社が潰れても組合員だけで工場をまわすことができる。いくぜ、労働者自主管理闘争。

一九七八年、田中機械、倒産。しかし会社は最後まで悪行をやってのける。倒産のまえに、組合員全員の解雇を宣告したのだ。これでもう従業員でもないし、組合員でもないからと、工場の使用協定を反故にしようとしたのだ。倒産後、破産管財人たちが金目のものを差し押さえにやってくる。だが、そこは天下御免の労働組合。工場を占拠して、ここは

＊71　以下の記述は、大和田幸治『企業の塀をこえて　港合同の地域闘争』（アール企画室、二〇〇一年）を参考にした。

わしらのものじゃあとまくしたてる。おどろいた破産管財人たちはなにもせずにひきあげていった。これでひと安心。

とおもいきや翌年、とつぜん破産管財人が変更される。権力が本気をだしたのだ。一九七九年六月二二日、裁判所が強制執行の許可をだし、予告なしで差し押さえにやってくる。おとずれたのは機動隊一〇〇人。そして執行補助者六〇人だ。その補助者がやたら荒っぽい。ウラァと組合員を押しのけて、組合が保管していた書類をのきなみもちさっていった。トラック四台分。権力だ。

しかし形式的に反故にされたとはいえ、倒産前に結んでいた工場の使用協定が効いていたようだ。工場から強制排除はされなかったし、機械設備ももっていかれなかった。とはいえ、自主生産するにもカネがないし、なにより強制執行の精神的なショックが大きい。もうダメだ。そのときのことだ。とつぜん工場に支援物資がとどきはじめる。続々と、自主生産するための資材が送りとどけられる。これまで、田中機械の組合員たちが支援にいっていた中小企業の労働組合。その組合員たちが自社に圧力をかけ、田中機械に物資をまわしはじめたのだ。これでいける。田中機械の組合員たちはそのまま工場を占拠して自主生産の決行だ。やったぜ、田中。

ここからは反撃のはじまりだ。まず、破産直前の解雇宣告が組合潰しのためであり、不当労働行為であったことをみとめさせなければならない。裁判所と地方労働委員会に訴える。そしてあの強制執行だ。抜きうちで、あれだけ大規模な差し押さえ。しかも執行補助員を名のる者たちがあきらかに怪しかった。荒っぽすぎるのだ。組合は執念でその身元を一人ひとりしらみつぶしに調べあげる。その結果、暴力団の介入が判明。損害賠償請求をして、裁判所に訴えでる。あのときの裁判官と破産管財人と暴力団はつながっている、法の名を借りて労働組合を弾圧したのだと。圧勝だ。一九八二年には、強制執行の許可をだした裁判官が、事実上更迭されている。

その後も、田中機械の組合員たちは裁判闘争を繰りひろげた。一九八七年、大阪地方労働委員会が決定をだす。倒産前の組合員解雇は不当。会社は組合に四〇億円の負債をおっていると。一九八九年、こんどは裁判所の判決。会社は四〇億円相当の労働債権を支払うために、組合が指定する生命保険会社に、一六〇〇坪の工場施設を売却することを命じた。圧勝だ。組合はその生命保険会社とともにその土地を共同開発。とはいえ、倒産から十一年。みんな闘争につぐ闘争で疲れ果ててしまった。なんかむなしい。結局、カネをもらっておしまいか。チクショウ、なにが土地だよ。ぶち壊してやるぜ。と、そんなことを思ったのかどうかはわからないが、だれかがドリルで穴を掘る。ズデデデ。するとそのときだ。プシャーーーー！！！　うあああ。そう、でちゃったのだ。温泉が。汲んでも汲んでもなくならない。しかもその効能がやたらいい。極楽じゃあ。その温泉水をつかって、ミネラルウォーターを販売。これが売れる。こんどはその水をつかってビールづくり。うまい。これがまた売れる。レストラン「地底旅行」を開店。そして、その隣に簡単なものではあるが、温泉施設を開設した。元組合員と地元住民が入れるようにする。南市岡田中温泉、誕生だ。入りたい。当初、一般入浴はみとめていなかったらしいのだが、レストランでご飯を食べたひとには入浴を許可していたという。二〇一六年、温泉をひくポンプが故障し、温泉施設は閉鎖したらしいが、レストランはまだ健在のようだ。ビールが飲みたい。日本昔ばなしでした。

非対称の戦争を遂行し、たえざる目的の錯乱をまきおこせ

まとめにはいろう。「労働者の解放は労働者自身のものでなければならない」。古くからある労働運動のスローガンだ。倒産した工場を占拠して、自分たちで自分たちの工場をま

わしていく。それまで会社から給料をもらわなければ生きていけない、だから上からの命令には絶対服従。そう思ってきたけれども、いざとなったら誰に命じられることなく、自分のことは自分でできる。できちゃった。工場さえまわしてしまう。すごい。自己の偉大さを自己の身体で感じとれ。オートノミー。

だが、忘れてはいけないのは、企業の自主管理それ自体が目的ではないことだ。みんなで民主的なルールをつくって良い商品をつくったとしても、それはただの良い企業でしかない。逆にわれわれの会社だと思っている分、そしてそこにやりがいを感じている分、忙しくても文句すらいえないかもしれない。それこそ「やりがいの搾取」だ。だいたい会社なんてほしいのか。たとえば、わたしはいまNHK出版で本を書いているが、もし「NHKをもらってくれませんか」と頼まれても「NHKはちょっと」と答えるだろう。そんな煩わしいものはいらないのだ。

労働という土俵にのってはいけない。職場のルールを決めるのはだれか。会社かそれとも労働組合か。そういって正面衝突を繰り返していると、いつのまにか会社をやっつけるために会社以上の会社になってしまう。この場合、自主管理は究極だ。権力との「対称的な戦争」は必ずあたらしい権力を生みだしてしまう。というか、倒産争議についていえば、会社は倒産しているのである。対称性もヘッタクレもない。いなくなった敵にストライキをしかけているのだ。交渉する相手などいない。だから要求もない。ただそこに居座って共同の生を営んでいく。不可視委員会はこう言っている。

叛徒は統治にたいして非対称の戦争を遂行しなければならない。なぜなら叛徒と統治のあいだには存在論的な非対称性があるからであり、したがって戦争の定義それ自体についての不一致が、戦争の手法や目的についての不一致があるからである。*72

「非対称の戦争」。労働のための戦争ではない。労働からつまみだされた者たちによる、労働にたいする戦争だ。ならば、労働者自主管理とはなにか。一九七〇年代、やはり南大阪で自主管理闘争をやっていた山科鉄工の組合員たちがその答えを探っている。ここの組合員、当時有名だったフランスの自主管理企業リップを見学しにいっているのだが、おもしろいのはその感想だ。いざフランスにいってみたら、リップの話よりも、仕事のない若者たちが集団で空き地に住みこんで、畑を耕していることにたまげてしまう。いろいろ話をきいてみれば、ロンドンでは空き家を不法占拠《スクウォット》して、共同生活をしている若者もいるという。スクウォッティングだ。ある組合員がこう言っている。

〝空いている家があるなら、そこに住んでいこう〟とする彼らの運動は、〝使われていない工場、機械があるなら、それを使って何があかんねん〟という〝不法占拠〟状態のわれわれの情況とよく似かよっている。使われていようが、いまいが、誰それのものは、誰それのものであるという考え方に、真向から対立しているこの運動を、われわれは、所有のあり方を問う運動として注目している。それは、労働債権をもっているから、われわれは、工場を占拠しているのだという意味合い以上の内容を、提示しているからである。[*73]

労働者自主管理は所有そのものを問う運動だ。労働債権をもっているから、この工場施設を所有しているから、ここを占拠していいのではない。もちろん法的にはそうなのだが、

＊72　前掲、不可視委員会『われわれの友へ』一六二頁。
＊73　総評全国金属労働組合山科鉄工支部編『南大阪・流民の倫理　労働者自主管理の可能性』（現代企画室、一九八一年）一六〇頁。

それでは不十分だ。「ここが空いているぞ、住んじゃおうぜ」。そのノリでいきませんかと。所有じゃない、住まうのだ。じゃあ、所有とはなにか。デヴィッド・グレーバーは、『負債論』のなかで、所有の定義をローマ法までさかのぼっている。いわく。所有とは、所有しているものが所有されている物をいかようにあつかってもいいということだ。その絶対的権力のことだ。

なぜ、そんなことが法的権利としてさだめられたのか。物を好きにあつかうなんてあたりまえじゃないのか。答えは奴隷だ。人間を奴隷として所有したかったのだ。ふつう人は人を好きにあつかってはいけない。いらないからといって他の物と交換したり、捨てたり、壊してはいけない。だけど、奴隷ならはなしは別だ。好きにしていい。

所有とは人と物の関係などではないことはあきらかである。それは、物にかんする人びとのあいだの了解あるいは取り決めなのである。*74

おなじ人間でありながら、人間を自由に処していい。奴隷としてあつかっていい。その使用用途はあきらかだ。ご主人さまのために農業をやって税を貢ぐ。その目的をどれだけ達成できるのか。つかえるか、つかえないか。所有物としての価値がはかられる。もちろん多少つかわないと使い勝手がわるいのだが、つかいすぎると摩耗して体を壊して価値はさがり、何年もつかっていれば老化して価値はなくなる。新品と比べて、つかえばつかうほど古くなって劣化していく。それが所有の論理だ。

そして、それが人間ばかりではない。動物にも自然にも適用されるようになった。人間が物になったのではない。物が奴隷として所有されるようになったのだ。空間を所有せよ。もしこの論理にとらわれたままならば、せっかく自主管理にはいっても、けっきょく占拠した空間をどれだけ役にたてられるのか、そればかりを考えてしまうだろう。たしかに社長や株主の利益のために、カネ、カネ、カネという発想はなくなっただろう。だがその代わりに、自分たちの目的を自分たちで設定するようになったのだ。理想的な自主管理企業を実現し、この社会の模範になろう。そんな有意義なことをはじめてしまったら、どんなに苦しくても組合員は逆らえない。目的でがんじがらめだ。

＊74　デヴィッド・グレーバー『負債論　貨幣と暴力の5000年』（酒井隆史監訳、高祖岩三郎、佐々木夏子訳、以文社、二〇一六年）二九九頁。

しかもそれがうまくいったなら、こんどはまわりに波及する。危機のときには自主管理。この問題解決のためにはこの解決策を。幸せの一本道だ。成功例を再現しよう。人間の思考に中心がうまれる。正しさに照らしだし、どううごくのかが判断される。つかえるか、つかえないか。まるで所有物であるかのように、主人の欲望に隷属させられる。だれが主人かもわからないのに。はっきりと言っておこう。問題を一般化し、ノウハウを示すということは、みずからの思考を奴隷化するのとおなじことだ。再現はやめろ。

どうしたらいいか。山科鉄工いわく。住んじゃえ。占拠空間を所有の支配から解き放つのだ。どこからともなく有象無象が集まってくる。見知らぬ友が友になる。予期せぬ出会い、予期せぬ出来事がうまれてしまう。そんなのだれにも止められない。つかっても、つかっても減りはしない。価値があがるとかさがるとか、もうどうでもいいのだ。つかえばつかうほど、わけのわからぬものに変化していく。価値などない。それが居住だ。いまこの場を旅して住まうということだ。先人たちの痕跡を歩め。

空き地の占拠にしても、問題は合法か違法かではない。ただ寝床を確保するために空き地に住みついただけだったのに、気づけばだれかが種をまいている。イモをつくっている。それいいね。知らずしらずのうちに、だれかが農機具をもってきて立派な畑になっている。

いつしかそこが有機農法の実験場になっているかもしれないが、それ自体が目的なのではない。空き地が寝るという目的をとびこえて、まったく別のものになっている。はじめからきめられた必要性を解除して、必要じゃないことをやりはじめる。ムダなことをやりはじめる。もうイモに夢中だ。いつもとおなじ場所がまったく別のなにかにみえる。おなじ場所にいるのにまったく別次元に住んでいる。それがだいじなのだ。

工場占拠もおなじことだ。たとえば二〇一一年、ギリシアのテッサロニキにあるVio-Me工場でこんなことがあった。この工場はもともとタイルのジョイントを製造していたのだが、債務危機のあおりをうけて倒産。労働組合は工場を占拠して、自主生産に切り替えた。だが当時、国内情勢は大荒れ。暴動につぐ暴動だ。警官にぶちのめされた若者たちが街中で血を流している。だがそれでもまたたちあがる。その熱気に共鳴した組合員たち。身体が勝手にうごきだす。無我夢中で消毒用ジェルの開発だ。できちゃった。それを運動側の医療テントに低価格でまわしていく。すごい工場があるぞと、みんながそれを買ってくれる。気づけばもう消毒液工場だ。*75

きわめつけは田中機械。なにせ温泉だからね。だれにもなんの必要もないのに、とつぜん温泉が噴きだしてしまう。でちゃったのだ。いつどこでだれとどんな出会いがあって、どんな化学反応が起こってそうなったのか。想像するだけでもワクワクだ。そもそも目的とはなにか。それすらわからなくなっていく。だれにも予想できないその出来事。再現はできない。ただ反復できるだけのことだ。ノウハウはない。そのつど闘争の技術があるだけだ。だれかの助けがまただれかの助けを爆発させていく。その力がまたあらたな力を触発していく。その力の勢いを無意識的に承認させろ。労働者自主管理とはなにか。非対称の戦争を遂行し、たえざる目的の錯乱をまきおこせ。失業者のストライキ。所有じゃねえよ、居住だよ。ここ掘れ、わんわん。温泉へいこう！

＊75　チョン・ウニ「ギリシヤの労働者自主管理工場、生き生きと稼動」（インターネットサイト「レイバーネット」、二〇一三年六月二四日公開）を参考にした。

第9章

未来をサボれ

大杉栄、日本脱出の思想

ヴァージニア・ウルフの反戦論

さいきんヴァージニア・ウルフの短編小説「壁のしみ」を読んだ。[*76] おもしろかった。ひさびさに脳天をぶち抜かれた感じだ。どんな話か。シンプルだ。部屋の壁にしみがありました。カタツムリでした。チャンチャン。とくに展開はない。あのしみはなんだろうと、物思いにふけっているだけのことだ。しかもその考えがちっともまとまらない。あのしみは絵をかけるためにつけた釘なのではないか。それをつけた元住人はどうしたのだろう。生きているだろうか。ああ、ひとの人生って。そもそも生きるってなんだ。死ぬってなんだ。死後の世界は存在するのだろうか。

いや、なにを言っているんだ。落ち着け。冷静になるためにシェイクスピアになりきろうとするのだが、うまくいかない。だったら客観的な言葉をつかってものを考えよう。いやいや、それではつまらない。正論をふりかざして一般論を語ってなんになる。それなら自然そのものになりきってみようか。風が吹き、木々や草花が揺れて、虫がうごめき、川は流れ、そんななかで日光浴をしたら気持ちいいよね。あれ、なにを言っているのだろう。まったく考えがまとまらない。ふと壁をみたら、しみはしみではなくてカタツムリであった。ガーン。そんなはなしだ。

正直、はじめてこの小説を読んだとき、酒を飲んでベロベロだったこともあって、なにを言っているのかわからなかった。草、木、虫。オレはラリっているのか。いやもしかしたら訳がわるいだけかもしれない。そうおもって、アマゾンで別の訳も注文してしまった。結果的にみれば、最初に読んだ訳がいちばんよかった。そしてわたしもまちがっていなかった。ああなったからこうなる、そういう読み筋がない。「物語」自体が存在しないのだ。ただ著者である「わたし」の思考がとめどもなく続いていく。なにひとつまとまらないうちに、ポンポンつぎの話題に移り変わっていく。その思考のプロセスがそのまま描かれている。意識の流れそのものだ。

ふつう小説にかぎらず、評論でもエッセイでも文章を書こうとするとだいたい「物語」がたってしまう。最初に結論があって、そこにたどりつくためにいろんな登場人物がいろんな経験をして、いろんな成長を重ねていく。来るべき将来があって、そのためにああしてこうしてとみんなの過去が動員されていく。たとえ現在が語られていても、それは未来

＊76 ヴァージニア・ウルフ「壁のしみ」（五井健太郎訳『HAPAX8 コミュニズム』夜光社、二〇一七年）。また以下の記述は、五井氏による訳者解題（「かたつむりの内戦、小説の倫理」）を参考にしている。

へとむかっていく直線上の一点にすぎない。

実はこの小説が書かれたのは、一九一七年。第一次世界大戦のまっただなかだ。だれもが総力戦にむかって動員される。勝敗を決定するのは戦場だけではない。その国の総力だ。軍事物資をつくりだす生産力そのものだ。国民一丸となって大量生産。戦争に勝てば、他国の領土を侵略し、さらなる人員と資源を確保して生産力アップ。豊かになる。ハッピーになる。その力で戦争をやれば、生産力のさらなる向上。いまは我慢のときである。やりたいことしかやらないのは非国民。国民の未来のために、いまは自分を犠牲にして身を粉にしてはたらきましょう。労働万歳！

そんななかで、近代文学の手法よろしく「物語」を紡ぐとはどういうことか。現在を未来の一齣にするとはどういうことか。それは上からあたえられた目標にむかって、人びとを動員するということだ。知らずしらずのうちに、それがあたりまえだという認識を植えつけるということだ。人間の思考を奴隷化し、国民の未来に服従させるということだ。ふざけんな。ウルフはそんな「物語」に中指を突きたてる。

私たちの考えは、どうしてこんなにもすぐに、別の新しいなにかに群がっていってしまうんだろう、夢中になって藁のひとかけらを運ぶ蟻のように、すこしのあいだそれを取りあげたかとおもえば、またすぐに置き去りにしてしまう……。[*77]

わたしたちのかけがえのない「いま」は、未来へとむかう一点などではない。ちょっとしたきっかけでもいい。友だちとのくだらない会話。たまたま読んだ本。身近に起こったたわいもない事件。なにかと遭遇しただけで、いつどこでどんなふうにわたしの思考が変わっていくかもわからない。まったく別のなにかに変化するかもわからない。どんな群れをつくっていくのかもわからない。そんな「いま」の想像力を何人にも奪わせてはならない。ウルフはこう言い放つ。

こんな戦争クソくらえだ……。[*78]

＊77　前掲、八六頁。
＊78　前掲、九八頁。

作家が「物語」をぶち壊すのは戦争に反対するのとおなじことだ。労働という名の未来を背負わされるのを放棄するのとおなじことだ。将来のために、いまを犠牲にするのはもうやめにしよう。戦争のために生産力をあげ、生産力をあげるために戦争をやる？　だったらずっと戦争状態じゃないか。いまは緊急事態だ、我慢しろ？　クソくらえだ。ヴァージニア・ウルフの反戦論。労働の未来から逃散せよ。

大杉栄、パリへゆく

さて同時代、日本でおなじことを考えていたのがアナキスト、大杉栄だ。もともと大杉は「生」の思想をとなえていた。ひとの生きる力に尺度などない。やりたいことをやるだけだ。だが資本主義はそれを拒む。尺度はカネ。生きることがカネを稼ぐことと同一視される。明日、生きていたければ、工場ではたらけ。文句を言わずに、カネをくれる資本家の命令に従えばいい。明日だけではない。その明日も明日もだ。はたらくまえから、将来、自分の生きる力をどれだけカネにできるのか、その有用性ばかりを考えさせられる。「生」が生産性に還元されるのだ。

しかしそんなことを言っていたら、人間は一生、資本家の奴隷のままだ。やりたいことができないだけではない。どんなに無茶なことをやらされても、ブラックな仕事をやらされても将来のために我慢するようになってしまう。やがて、それがあたりまえになる。そうすることが善いことになる。従わない奴がムカついてくる。イジメる、チクる、辞めさせる。資本主義がつくりだした将来への「物語」を疑わずに生きるようになる。大杉はそれを「奴隷根性」とよんでいた。どうしたらいいか。大杉いわく。とりあえず、資本家をぶん殴れ。工場を燃やしてもいい。機械を打ち壊してもいい。クビで上等。将来のために我慢などクソくらえ。ムカつくものはムカつくと表現しよう。将来のためじゃない、他人のためじゃない。自分の「生」をとりもどす。かけがえのない「いま」を身体で感じるのだ。未来を止めろ。労働運動はストライキ。

そうこうしているうちに一九一七年、ロシア革命が起こる。当初はやったぜとおもっていた大杉。だが、その実情をしってブチ切れる。ロシアの共産党政権。共産主義の理想を掲げ、だれもが平等な社会を実現しようと言っていた。しかしそれを実現するために「鉄の規律」を強いて、従わない者たちを粛清していたのだ。来たるべき未来社会のために、どんなにブラックでも我慢してはたらけ？　この国を守るためにはいくら戦争してもいい？　そのためには農村から食糧を強奪していい？　異を唱えたものたちが続々と血祭りにあげられていく。資本主義の「物語」を壊したその先に、あたらしいより強力な「物語」がたちあがってしまう。しかもこのロシアの「物語」を成功例として、世界中に共産党がたちあがっていくのだ。日本も例外ではない。これまでともに闘ってきた仲間たちが支配者の面になっていく。やってらんねえ。

どうしたものか。そう思っていたら一九二二年、大杉のもとにフランスのアナキストから連絡がはいった。これからアナキストがどう動けばいいのか知恵をもちよりたい、ベルリンで国際会議をひらくから君もこないかと。レッツゴー。後にこのときの話が『日本脱出記』としてまとめられる。これがおもしろい。物語なのに「物語」になっていないのだ。どんな話か。かるく内容を紹介してみよう。

パリにいきたい。しかし問題があった。カネがない。大杉には借金しかない。作家の有島武郎にお願いしたらカネをくれた。いまでいうと何百万円だ。だがカネがはいったら、生活費と借金返済でつかってしまう。あっというまに所持金ゼロだ。しまった。さすがに文章では詳細に触れていないのだが、結局、ある実業家の息子からカネをもらって出発だ。昔の金持ちは気前がいい。一九二二年一二月、日本脱出。私服警官をまいて神戸。そこから上海へ。上海にいってからは中国のアナキストと交流。そしてパスポートをつくってもらう。警察に行動を把握されないようにお忍びできたというのもあるし、当時、大杉は公序良俗を乱す「極悪人」だ。パスポートはでない。だから中国のアナキストが日本領事館に忍びこんで、他人のものを盗んできてくれた。そこに写真を貼ってさあ完成。

上海から船にのってマルセイユへ。そこからパリをめざす。船上、フランスのマダムと仲良くなってお茶と会話をたのしみ、寄港したベトナムではバナナを食いまくる。なんだこれ、うめえぞ。一九二三年二月、パリに到着。案内を送ってくれたアナキストを訪ね、安宿を紹介してもらう。臭い、汚い、たまらない。ベルリンの国際会議は四月一日。それまで、在仏中国人アナキストたちと交流してすごす。だがフランスも警察のとりしまりが厳しい。ならばと大杉は身分証明書をとろうとするが、なかなかとれない。イラついていたら風邪をひいて倒れ、薬を飲んだらこんどはお腹を壊してまた倒れる。資金も底をついた。そしたら会議がまた延期になって八月以降になるという。ベルリンでやれるかどうかもわからない。ああ、もう嫌になっちゃった。

五月一日、大杉はパリ郊外でひらかれたメーデーに参加。のんびりモードの労働者と、たいくつな集会にいらだってしまう。主催者にたのんで演説をさせてもらうことにした。「日本のメエデエは郊外では行はれない。市の中心で行はれる。それもホオルの中でではない。雄弁でではない。公園や広場や街頭での示威行動でだ[*79]」。拳、拳、拳。街頭にでてあばれろと煽りまくる。「そうだ、外へでろ、外へでろ」。怒号と熱気、阿鼻叫喚。よっしゃ、いくぜ。そう思って演壇を降りたら、ちょっとこいと警官にとりおさえられた。大杉、逮捕。ラ・サンテ監獄に送られ、すぐに身元がバレて強制送還。ようするに、みんなに助けられてやっとのことでパリにいったのに、会議にもいけずにのこのこ帰ってきたのである。これが大杉栄の日本脱出だ。

白紙主義のストライキ

しかし『日本脱出記』のおもしろさは、こうした活動の履歴にはない。むしろその細部にある。わたしがこの本のなかで好きなのは「パリの便所」という一節だ。ここだけ大杉が在仏中に書いたというのもあるのだが、異様に生き生きとしている。パリの安宿に泊まったら、トイレは下の階の共同便所。そんならといってみたら……。

> が、その便所へ行つて見ておどろいた。例の腰をかける西洋便所ぢやない。ただ、タタキが傾斜になつて、その底に小さな穴があるだけなのだ。そしてその傾斜のはじ

まるところで跨ぐのだが、そのきたなさはとても日本の辻便所の比ぢやない。

僕はどうしてもその便所では用をたすことが出来なくて、小便は室の中で、バケツの中へヂヤアヂヤアとやつた。[*80]

バケツでするのもどうかとおもうが、あの大杉が汚くて用を足せなかったというのだ。ちなみにウンコはバケツじゃできなかった。外に有料トイレがあることをしり、そこでする。しかし毎日これではたまらない。ためしにちょっといいホテルに泊まってみると、きれいな西洋便所。やったぜ。するとその便器の脇に蛇口のついたオマルみたいな容器が置いてある。なんだこれ。顔でも洗うのか。立ちションでもするためか。いや深夜、隣りの部屋で男女の声がきこえたあとにジャアジャアやっている。セックスのあとに使うのか。そんなことをほのめかしてトイレの話は終わる。大杉はビデをしらない。でもだからこそ、

＊79 大杉栄「入獄から追放まで」（『大杉栄全集 第七巻』ぱる出版、二〇一五年）三一三頁。大杉の死後、『日本脱出記』に収録される。

＊80 大杉栄「仏京に納まつて」（『大杉栄全集 第七巻』ぱる出版、二〇一五年）二七五頁。後に「パリの便所」と改題して『日本脱出記』に収録される。

そのおどろきが生々しい。自分の常識が通用しない。あたりまえがふっとばされる。ゼロから手さぐりで、自分の生をつかみとる。トイレ、だいじ。

もう一つ、読みどころなのがメーデーで捕まったあとの監獄の話だ。大杉は未決囚だったので自由がきく。外のレストランから好きなものを注文できる。ビフテキ、ローストビーフ、ソーセージ、ハム、オムレツ、サラダ、コーヒー、パン、チョコレート。それにビールやワインも購入できた。日本ではありえないことだ。さんざん監獄を体験してきたはずの大杉の囚人観が砕け散る。ええい、食っちゃえ。ご馳走だ。監獄のなかでありえないくらいの贅沢をしはじめる。ついでに飲めない酒も飲んでみる。ビールはダメだ、苦いから。赤ワインもダメだ、渋いから。白ワインをなめてみたらけっこういける。四六時中ペロペロなめて気分爽快。オレはフランスでワインを覚えたぞ。酔っぱらって気をよくしたのか、娘の魔子にむけてヘンチクリンな詩をつくっている。

魔子よ魔子／パパは今／世界に名高い／パリの牢やラ・サンテに。
だが、魔子よ、心配するな／西洋料理の御馳走たべて／チヨコレトなめて
葉巻スパスパソフアの上に。

そして此の／牢やのお蔭で／喜べ魔子よ／パパは直ぐ帰る。
おみやげどつさり、うんとこしよ／お菓子におべべにキスにキス／踊つて待てよ／
待てよ魔子魔子。[*81]

いい気なものだ。しかしこの詩、うまいわけではないのに、なぜか覚えてしまう。大杉の本気の陽気さが伝わってくるからだ。たのしそう。その後、大杉は七月に帰国。九月には憲兵隊によって虐殺されてしまうのだが、ほんとうはここからが本番だったのだとおもう。若手のアナキストからは、白ワインを覚えたとかおまえブルジョアかよと陰口をたたかれるのだが、だいじなのはそこじゃない。むしろ逆だ。いくら資本主義や共産党と対決するためだからといって、そればかりを意識していたら身体が硬直してしまう。アナキズム運動の未来に縛られてしまう。そのための「物語」に支配され、みんなの将来のためにいまの自分を犠牲にしてしまう。アベコベだ。

大杉が『日本脱出記』で表現したかったのはそれだろう。大杉ですら「物語」の支配に

＊81　前掲、大杉栄「入獄から追放まで」三二五〜三二六頁。

とらわれてしまうことはある。だが旅行がそれをゆるさない。なにせはじめてのことだらけなのだから。自分の常識が打ち砕かれ、ゼロになってものを考えはじめる。そこに未来がはいりこむ余地はない。いつどこでだれと出会い、なにが起こるかもわからない。その出来事のおどろきが自分をどう変えていくかもわからない。そんなかけがえのない「いま」の連続にでくわすのだ。こんなにうれしいことはない。トイレにびっくり。監獄でワイン。「生」の歓喜に酔いしれる。いまが最高！

大杉がメーデーでやらかしたのもそういうことだ。旅行の歓びが身体に宿る。われわれに未来などない。明日などない。あるのはいま、それだけだ。いましかない。永遠のいまが永遠に繰り返されていく。またみつかった。なにが、永遠が。海と溶け合う太陽が。またみつかった、また、また。やっちゃえ、栄。捕まるとわかっていてもアジってしまう。苦労してきたことを台無しにするとわかっていても叫んでしまう。外へでろ。あばれてしまえ。拳だ、拳だ。「物語」を突破して、未来そのものを放棄する。それがアナキズムだ。フランスを旅行して、大杉自身がおもいだす。そしてそれをまわりにも伝えたかったのだと思う。まとめよう。大杉はみずからの思想をこう言いあらわしている。

人生は決して、予め定められた、即ちちやんと出来あがつた一冊の本ではない。各人が其処へ一字一字書いて行く、白紙の本だ。人間が生きて行く其事が即ち人生なのだ。労働運動とは何ぞや、と云ふ問題にしても、やはり同じ事だ。労働問題は労働者にとつての人生問題だ。労働者は、労働問題と云ふ此の白紙の大きな本の中に、其の運動によつて、一字一字、一行一行、一枚一枚づつ書き入れて行くのだ。

観念や理想は、それ自身が既に、一つの大きな力である、光りである。しかし其の力や光りも自分で築きあげて来た現実の地上から離れれば離れる程、それだけ弱まつて行く。即ち其の力や光りは、其の本当の強さを保つ為めには、自分で一字一字、一行一行づつ書いて来た文字其者から放たれるものでなければならない。[*82]

白紙主義だ。自分の理想に縛られるな。心地よい「物語」にだまされてはいけない。世界の片隅でいまを叫ぶ。日本脱出の思想とはなにか。この大地に永遠のいまを刻みこめ。なんどでも白紙の人生を生きてゆきたい。白紙主義のストライキ。未来をサボれ。

＊82　大杉栄「社会的理想論」（『大杉栄全集　第五巻』ぱる出版、二〇一四年）一八二～一八三頁。

第10章

機械を破壊し、機械になれ

フリー・フリーダム！

ロックの時代はもうおしまい

一七六九年のことだ。イングランド、レスター近郊のアンステイという村に、ネッド・ラッドという青年が住んでいた。[*83] 靴下編みの職工だ。この青年、工場ではたらいていたのだが、ふとしたきっかけで仕事をサボった。退屈だったからだ。しかし運わるくサボっているところを工場主にみつかってしまった。工場主はラッドをどなりちらす。「この野郎、さっさとはたらきやがれ!」。ラッドはきかない。はたらきたくないからだ。怒った工場主はムチをふってラッドをしばく。デシッ、デシッ。ギャア!

これまで靴下を編むなんて、自分たちのリズムで自分たちが編みたいときに編めばよかったのに、毎日、おなじ時間に出勤してムダにたくさんつくれとがなりたてられる。しかもその作業が単調でつまらない。おなじものをつくるのだ。やってられない。そうおもったやさきのムチ打ちである。我慢ができない。ラッドはどこからともなくハンマーをもちだした。夜中、工場に忍びこむ。シャー。またたくまに靴下編み機二台をたたき壊した。ネッド・ラッド伝説のはじまりだ。

その後、ラッドがどうなったのかわかっていない。捕まって絞首刑にされたのか、逃げおおせたのか。正直、ほんとうにラッドがいたのかどうかもわかっていない。だが、その物語が口承伝承となって、民衆のあいだにひろまっていたのはたしかだ。しかもラッドが民衆のヒーローとしてうけいれられていたのである。そのくらい、工場の機械をたたき壊す行為が民衆に拍手喝采で迎えいれられていたのだ。ハンマーを手にもち、機械をうて。やっちゃえ、ラッド。

しかしなぜ、この物語がそんなに民衆をわかせたのか。もしかしたら、現代の感覚ではわかりづらいかもしれないので、すこし解説をいれてみよう。じつは当時、イングランドでは窃盗ですら死刑にされることがあった。国家の存在意義が「所有権の保護」にあったからだ。一六八九年、ジョン・ロックが『統治二論』をだしているが、そのころからいちおう政府は社会契約にもとづいてたてられたことになっている。[*84] ロックいわく。人間にとって、もっともだいじなのは所有権である。それが自然にあたえられた権利である。その点で人間はみな平等なのだと。

だけど世のなかには、他人の財産を奪いとりたいというやつらがいる。こわい、不安だ、

＊83 ネッド・ラッドについては、Hammond, J. L. Hammond, Barbara Bradby, *The Skilled Worker, 1760-1832*, London: Longmans, Green, 1919を参考にした。

＊84 ジョン・ロック『完訳　統治二論』（加藤節訳、岩波文庫、二〇一〇年）を参考にした。

安心して生きられない。だったら、みんなで政府をつくって権力をゆだね、他人の財産を侵害するやつがいたら軍隊をだしてぶっ殺してもらう。いいね。みんなの財産を守るために、みんなの社会を守るために、みんなで契約を交わしましょう。社会契約だ。しかもロックの場合、財産権の保護が政府の使命だから、もしその政府が市民の所有権を侵害したら、その政府を転覆してもいいとまでいっている。革命権、あるいは抵抗権だ。「革命」「抵抗」ときくと、いいじゃないかとおもわれるかもしれないが、そうではない。そのくらい所有権がだいじだといっているのだ。だからそれを損ねようものならば、窃盗は死刑。政府転覆レベルの重罪だ。ロック以前からイングランドでは窃盗にきびしかったが、それに理屈をあたえたというところだろう。

一五世紀末から、イングランドでは毛織物産業で一儲けするために、地主や領主が貧しい農民から土地をまきあげるということがおこっていた。「第一次囲い込み」だ。もともとだれのものでもない、所有権のはっきりしない共有地がたくさんあって、そこでおおくの農民が作物を育てて生計をたてていたのに、ある日、とつぜん地主や領主がその土地に垣根をたてて囲いをつくり、きょうからここはオレさまの土地だ、羊を飼うのだと宣言する。文句を言うものがいたら、手下をつかってひきずりまわす。略奪だ。だが、それが土地の所有権と呼ばれ、国家権力が保護してくれる。

土地をとられた腹いせに、羊を盗めば死刑。もう農業では食っていけないと、しかたなく都市にでてきて、あてもなくカネもなくてホームレス。飢え死にするよりはと金持ちの館に忍びこみ、盗みをすればやっぱり死刑。もちろんいつもなんでもかんでも死刑にされたわけではないが、死刑がありうるというのは圧倒的な恐怖だ。さらに都市では、はたらかないでいると浮浪罪で逮捕され、ムチ打ちにされることもあったし、一六〇一年には救貧法ができるのだが、これは浮浪者を捕まえて監獄に放りこみ、強制労働させるというものだ。貧乏人狩りである。しかもそれが救貧政策としてやられるのだからたちがわるい。はたらいて賃金をもらわなければ、生きていけない。カネをくださる工場主には絶対服従。自らそうおもうように規律訓練される。マルクスはこのプロセスを資本主義の「本源的蓄積」とよんでいた。[*85] 賃労働というシステムの本源には、国家の絶対的暴力がある。

しかも時代がたつにつれて「窃盗」の意味が拡大されていく。マニュエル・ヤンによれ

＊85 マルクス『資本論（三）』（エンゲルス編、向坂逸郎訳、岩波文庫、一九六九年）。また、この本源的蓄積については、白井聡『武器としての「資本論」』（東洋経済新報社、二〇二〇年）が参考になった。

ば、一八世紀まで労働者は仕事場にあるものを勝手に食べたり、つかったり、もちかえるのがあたりまえだった。[*86]いまでいえば、コンビニ店員が「うまそう」といって売り物の弁当を食べたり、日用品をバックに詰めこんでもちかえるようなものだ。まだ給料の支払いがしっかりしていない時代だったので、給料分としてもらいうけるという慣習でもあったし、そればかりでなくみんなで協力してはたらいているのだから、ここにあるのは共有物だという感覚もあったのだろう。それがとつぜん窃盗とみなされる。民衆にとっては雇用主がみんなのものを略奪し、私物化したとしかおもえなかっただろう。ゆるせない。いままでどおり職場の資材をもちかえるひとが続出していく。犯罪だといわれても意味がわからない。この手は止まらないのだ。

おなじようなことがイングランド各地でまきおこる。それまで村の山林は共有地だったのに、とつぜん富農が独占しはじめる。林業でもうけるためだ。いままで村人は必要なときに必要なだけ木を伐って薪をもってかえってよかったのに、いきなりそれが窃盗といわれる。よい薬草がある、よいキノコがあるといって採集すれば、やっぱり窃盗。ふざけんなよ。そんなの従うわけがない。深夜、こっそり山にはいって木を伐ってしまえ。略奪者は略奪される。

業を煮やした権力者たち。一八世紀半ば、治安判事だったヘンリー・フィールディングは屈強な男たちをあつめて、ボウストリート・ランナーズという組織をたちあげた。シルクハットに赤いチョッキを着た男たちが街の見回りをして、日常的に犯罪を取り締まっていく。イギリス近代警察のモデルだ。みんなの共有物を略奪しておいて、それをとりもどそうとしたら、ならず者としてしょっぴくのだ。どっちがならず者だよ。どんどん捕らえて監獄送り。行きつく先は絞首刑。警察のとりしまりとはなにか。所有権を保護することだ。組織的暴力を行使して、略奪を所有権としてみとめさせることだ。All Cops Are Bastards. 警察はみんなくそったれ。

さて一八世紀後半にもなると、工場の機械化がすすんでいく。もちろんこの頃になると、たかだか窃盗で死刑はおかしいのではないかという声もうまれていたが、それでもその額によってはやむをえないだろうというのが権力者たちの常識だった。高額な機械装置ならばなおさらだ。そんななかでのネッド・ラッド。たとえ首を吊られても、それがわかって

＊86 マニュエル・ヤン「ブラック・ライブズ・マターとは何か」(『BLACK LIVES MATTER 黒人たちの叛乱は何を問うのか』河出書房新社、二〇二〇年)を参考にした。

いてもおもわず機械を壊してしまう。権力者はいう。あなた、人間と機械のどっちが偉いのかわかっていますか。機械ですよ。ふざけんな。そんな世界と真っ向勝負。なにと戦っていたのか。社会契約だ。金持ちがさらなるカネもうけをするために、人間の命を軽んじているこの社会。それ自体をたたき壊そうとしたのである。ロックの時代はもうおしまい。ネッド・ラッド伝説のはじまりだ。

燃やし、燃やされ、焼き、焼かれ

一八一一年三月、イングランド、ノッティンガムで靴下編み工たちが賃上げをもとめてデモをひらいた。[*87] 軍隊がやってきて、またたくまに蹴散らされる。だがその夜のことだ。アーノルドという村落で、暴徒たちが靴下編み機、六〇台を破壊する。それをみていた群衆たちは拍手喝采。それから数週間、夜ごとノッティンガム北西部で暴動が巻きおこった。これを鎮圧するために保安官や軍隊が派遣されたが、だれひとりとして逮捕されるものはいなかった。いいよ。

一一月からは本格的に編み機の打ちこわしがはじまっていく。夜間に数百人が結集して工場に押しいり、機械を壊してすばやく村から村へと移動していった。ノッティンガムの行動はすぐに近隣の村々へと波及していく。いくら軍隊をおくっても鎮圧することはできない。逃げること風のごとし。大軍を率いてくればくるほど、馬のひづめで音がわかる。危険を察すると、暴徒たちはスッと地面に耳をあて、やばいぞといってひきあげていく。しかも打ちこわしのときには、みんな覆面をしているものだから、だれがやっているのかわからないのだ。ことを終えると、日中はなにごともなかったかのように仕事をしている。これでは捕らえようがない。パルチザン、非正規兵の戦術だ。

暴徒は、武装集団として、常任の指揮官の指揮のもと、突然姿を現す。総指揮をとるのは、それがなにものであれ、ラッド将軍《ジェネラル・ラッド》と呼ばれる。[*88]

ネッド・ラッドそのひとがいたのではない。覆面をして機械を打ちこわすものたちがネッド・ラッド伝説をわがものにしていたということだ。われわれはみなラッドである。ラ

*87 以下、ラッダイトの記述については、エドワード・P・トムスン『イングランド労働者階級の形成』(市橋秀夫、芳賀健一訳、青弓社、二〇〇三年)を参考にしている。
*88 前掲、エドワード・P・トムスン『イングランド労働者階級の形成』六五九頁。

ッダイトだ。いわゆる軍隊のように常備軍だったわけではない。ふだんはラッドとおなじ職人で、ふつうに仕事をしていた。その職人たちがバーで飲んで知りあいになり、ときに家で会合をひらいて機械の破壊を誓いあう。そしてこの夜にやるぞといったら、この指とまれで結集したのだ。

指揮系統もあったが、あくまで工場を襲撃する夜だけのことだ。いつもはただの友だちである。おそらく会合のときにはなしあったのだろう。みんなのまとめ役が指揮をとり、命令をくだす。ラッド将軍だ。あとはそれぞれの武器におうじて役割を決めればいい。自分、足がはやいです、目がいいですというものは斥候になっただろうし、力の強いものはハンマーをもってきて工場の入り口を破壊する。ほかは斧やツルハシをもってきて、なければないで素手で工場の警備兵と交戦し、なかに押しいって機械をたたき壊す。ピストルやマスケット銃をもっているものは、ごくまれに応戦してぶっ放すこともあったが、おもに退却時の合図につかっていたようだ。

当時、権力者たちがいくら調べても、いくら報奨金をだしても、村人のだれも口を割らなかったため、この組織には鉄の規律があって、仲間を裏切れば処刑されるといううわさが流れていたが、それはあくまでうわさにすぎない。そんな証拠はどこにもないのである。

たぶんそんなに難しいことではなくて、たんにダチは売れないという仲間意識が強かっただけではないかとおもう。

しかし当初のラッダイトはものすごく統制がとれていた。狙いをさだめた機械以外の機械を破壊してはいけない。やるのはあくまで低賃金で労働者を酷使していた工場だけだ。その工場でも関係のないものを壊したり、盗んだりしてはいけない。そしていざ壊したら、それで仕事にあぶれてしまう人たちがいる。その人たちのために村人をあつめてカンパを募る。そうやって村々をまわっていた。義賊である。もう人気がでないわけがない。もはやロビン・フッドの時代は終わった。これからはラッドの時代だと。当時、民衆のあいだではこんな詩がうたわれていたという。

打ち壊しがおこなわれる場合に
ラダイトは手段を限定しはしない
火や水や手に入るもので破壊する
それら自然の力がラダイトの企てを助けてくれるのだから
街道が兵士に守られようとも

作業場に細心の警備が施されても
ラダイトは夜であれ昼であれ粉砕する
破壊されるべき運命から救うことのできるものなど何もない[*89]

ラッダイトは自然の力を手にしている。文字どおり、火や水をつかうということでもあっただろう。だけど、それだけではない。自然の勢いだ。ラッダイトはあれこれと考えて、損得でやるものではない。おのずとやってしまう。壊しちゃったということだ。選択の余地はない。工場は破壊されるべき運命だ。手に負えない。じっさい、ラッダイトは実行した人たちの手をこえて、さらなるひろがりをみせていく。一八一二年二月、ノッティンガムのラッダイトが収束してきたころ、こんどはヨークシャーでラッダイトがまきおこる。続々と機械の打ちこわしがはじまって、ひと月、ふた月もしないうちに、およそ一〇〇〇台の機械を破壊した。

しかし四月になると、ヨークシャーのラッダイトは分岐点にさしかかる。村々の小さな工場をまわり尽くしてしまったのだ。田舎にある小さな工場であれば、スッといってスッと機械を壊して、スッと帰ってくることができる。だが、大都市の大工場はわけがちがう。

すぐに兵隊が派遣されてくるし、なにより工場主がカネの力を駆使して、大量の警備兵を雇いいれているのだ。なかには労働者にも武装させ、大砲を備えつけている工場もあった。リスクが高い。

どうしたらいいか。やっちゃえ。四月九日、各地からラッダイトが結集。およそ二〇〇人で大規模な布地工場を襲撃した。その工場主はラッダイトをぶっ潰すと豪語していたことでしられていた。おまえら貧乏人がこの俺様を倒せるとでもおもったら大まちがいだと。ならばと、その工場に攻撃をしかける。大成功だ。ラッダイトはもうガムシャラ。機械を壊しただけではものたりない。燃やし尽くせ、ふきとばせ。手当たりしだいに略奪し、最後は工場に火を放って退却だ。

もう勢いが止まらない。めざすは最大の敵。ウィリアム・カートライトが所有するロウフォールズ工場だ。カートライトは自分の部下たちを武装させ、毎夜、見張り台をたててラッダイトを待ちうけていた。防御用に硫酸の桶まで用意してある。そこに若い剪毛《せんもう》工のジョージ・メラー率いるラッダイトが攻めこんだ。各地から数百人が結集する予定だった

＊89　前掲、エドワード・P・トムスン『イングランド労働者階級の形成』六六一頁。

が、ふたをあけてみると一五〇人。人手がたりない。だが、やるしかない。

メラーはそのまま工場に突入。その後、すでに戦闘態勢にはいっていた工場の守備隊と、二〇分にわたって銃撃戦だ。このままではらちがあかないと、ハンマーと斧をもったラッダイトたちが工場の門の突破にむかったが、そこを銃撃される。五人が負傷。うち二人が重傷をおって、その場に倒れこんでしまった。あかんぞ。メラーは退却を指示しながらも、自分は現場にたちどまり、二人の救出にむかった。しかし敵の銃撃が激しすぎて助けられない。ごめんよ。二人をおいて立ち去った。完敗だ。

その後、工場主のカートライトは重傷をおった二人を拷問し、「手当てをしてほしければ、仲間を吐け」と脅したが口をわらず、二人ともそのまま死んでしまった。水も飲ませなかったという。虐殺だ。それから数か月、四〇〇〇人の兵士が街にやってきて、ラッダイトの素性を暴こうとするが、だれも口をわらない。街のおおくのひとが襲撃にくわわった人物をしっていたが、みんなでかばった。そのくらい民衆の支持を得ていたのである。だが、襲撃に失敗したメラーの心境は複雑だ。仲間が死んだ。敵が強すぎる。工場の襲撃は大名の城をおとすようなものだ。

どうしたらいいか。やっつけるしかない。もはやラッダイトの攻撃は敵に察知されていて、ゲリラ戦にならない。非対称の戦争にならない。ならば、もっと秘密裏にやるしかない。メラーは仲間とはかり、悪徳な工場主の暗殺にのりだした。四月二七日、その典型ともいえるウィリアム・ホースフォールを血祭りにあげた。だが暗殺までいったところで、その重荷に耐えきれなくなったのだろう。裏切り者がでてしまう。密告だ。メラーは逮捕。一八一三年一月、仲間二人とともに処刑された。その後、ロウフォールズ工場を襲撃した罪で、一四人が死刑。一人が終身流刑となった。大弾圧だ。こうして、ヨークシャーのラッダイトは幕を閉じる。

しかしおなじころ、ランカシャーではさらなる勢いでラッダイトがまきおこっていた。もはやノッティンガムやヨークシャーのような規律はみられない。暴動、騒乱だ。じつはこのころイングランドは食糧危機にあった。パンが食えない。しかもただでさえ民衆が飢えているのに、政府はフランスと戦争をやって戦地に兵糧を送っている。おのれ。各地で暴動につぐ暴動だ。そんななか職工たちもうごきはじめる。夜な夜な、工場主の屋敷に押しいって武器を奪い、放火して去っていくのだ。「食料を安くしろ、パンか血か」。そういって、こんどは軍隊の武器庫を襲撃し、武器弾薬を奪いとっていく。収奪者を収奪せよ。ラッダイトがラッダイトの目的を跳び越えていく。

一八一二年四月二〇日、ランカシャーのミドルトンで大暴動。数千人の暴徒たちがダニエル・バートンの力織機工場を襲撃した。死ね、金持ちども。うわああ。群衆たちが怒りをこめて石つぶて。工場に雨のような投石をくらわせた。これに工場側はドスン、ドスンとマスケット銃をぶっ放す。暴徒三名が死亡。銃がほしい。翌朝になると暴動のうわさをききつけて、武装した男たちもあつまってくる。

百人から二百人の男の一団で、そのなかには銃剣を付けたマスケット銃で武装した者や、つるはしで武装した者がおり、〔彼らは〕隊列を組んで村に進軍し、暴徒に加わった。この武装した無法者たちの先頭には、名高いラッド将軍を模したわら人形が押し立てられ、その旗手は赤旗のようなものを振っていた……。[*90]

もはやラッド将軍は指揮者ではない。わら人形だ。だが、群衆に指揮者などいりはしない。工場は難攻不落。そうおもったら、だれが合図したわけでもないのに自然と標的を変えるのだ。家にいこう、工場主の家を燃やしてしまえ。焼き討ちだ。バチバチ、バチバチ。金持ちの家はよく燃える。次はどこにいこうか、ラッド将軍。そうおもっていたら軍隊と遭遇、戦闘状態だ。とうぜん真正面からドンパチやったら勝ち目はない。七人が死亡。そのほかにも大勢が負傷した。完敗だ。

しかし殺された人たちの職業をみてみると、製パン工、織布工、ガラス工、指物師、炭鉱夫とバリエーションに富んでいる。力織機工場の打ちこわしが織布工の問題にとどまらなくなっていたのだ。どうもこの力織機。蒸気機関を利用してうごく最新の機械で、ほかの機械と比べてもかなり高額なものだったらしい。だからバートンの力織機工場は機械化の牙城とみなされていたのだ。安い商品を大量生産。自由競争の名のもとに、職人たちの仕事を淘汰していく。ほかに食っていく手段をなくしておいて、工場で奴隷のように酷使する。それでいて、たとえ工場主に従っていても、ろくにパンも食えないのだ。それに逆らうことが財産権の侵害といわれるならば、いっそぜんぶやっちまおうか。心を燃やせ。煉獄だ。燃やし、燃やされ、焼き、焼かれ。

＊90　前掲、エドワード・P・トムスン『イングランド労働者階級の形成』六七六頁。

ラッダイト宣言——道具を武器にもちかえろ

その後、一八一七年までにラッダイトは徐々に沈静化されていく。しかしあらためて、あの機械破壊はなんだったのか。なぜ死刑になってでも、ハンマーを手にもって、工場にむかっていったのか。一般的には、ネガティブないわれかたをされがちだ。あいつらはテクノロジーの進歩を理解しない時代錯誤の大バカ者であると。たとえば、マルクスは『資本論』でこう言っている。

労働者が機械装置を、その資本主義的使用から区別し、したがって、彼の攻撃を物的生産手段そのものから、その社会的搾取形態に転ずることを知るまでには、時間と経験とが必要だったのである。[*91]

ようするに、だいじなのは「物的生産手段」を破壊することではない。機械の打ちこわしなんてやっても意味がないといっているのだ。むしろ機械そのものは進歩すればするほど、生産力を向上させ、社会を豊かにしていく。問題はそのつかわれかただ。「社会的搾取形態」なのだと。この社会が資本主義であるかぎり、いくら機械化がすすんで、いくらかんたんに必要な物をつくれたとしても、みんなが豊かになることはない。資本家はもうけることしか考えないからだ。

そもそも資本の目的は社会的な豊かさではない。増えることそのものだ。利潤そのものだ。だからいくら短時間で商品をつくれるようになっても、労働時間が減ることはない。むしろもうけられるならば、もっと長時間はたらかされる。もっとつくって、もっともうけろ。いままでよりもはたらいて、いままでよりも生産しているのに、賃金はほとんど変わらない。われわれは不当に搾取されている。それが問題なのだと。

マルクスが言っていることは、しごくまっとうだ。じっさい、現代のことを考えても説得力があるだろう。いくらデジタルテクノロジーが進歩しても、ＡＩが高度なものになっても、仕事量が減ることはない。それどころか長時間労働で過労死し、おおくの人が死にそうな顔をして安い給料ではたらいている。昔と違うとしたら、その生活に疑いをもたなくなっているということだ。資本主義と搾取。だけどそれでも、もういちど問いたいのはほんとうに機械の破壊には意味がないのかということだ。「物的生産手段」を壊すことに

＊91　マルクス『資本論（二）』（エンゲルス編、向坂逸郎訳、岩波文庫、一九六九年）四一七頁。

なんの意味もないのだろうか。

もともと日本もそうだけど、職人たちは好きなときに好きなようにはたらけばよかった。雨が降ったから、きょうは一日寝てようか。はたらかない。天気がいいから、きょうは外で酒を飲もうか。はたらかない。占いでみてもらったら、きょうは職場の方角が不吉らしい。はたらかない。だが気合いがはいっているときは、全集中で休むことなくすごいものをつくってしまう。自分の生を自分で主宰するのだ。

だけどいつしか、そうした生が「怠惰」とみなされるようになってしまった。利潤をあげることが生の尺度になる。競争に負けて淘汰される。負け組だ。工場ではたらいて、カネをもらわなければ生きていけない。毎日、おなじ時間に出勤して、おなじようにはたらかなければならない。サボればムチを打たれても文句はいえない。はたらけばはたらくほど、自分の生から切り離される。他人の生をいきさせられる。隷従か死か。奴隷かよ。この身体が収奪されるのだ。

人間が機械に隷属させられる。工場主のもうけのために、機械の生産性をひきあげるために、そのためだけに自分の身体を使用させられる。もはや人間がはたらきかたを決めるのではない。機械がはたらくリズムを決めるのだ。機械をつかえばつかうほど、人間は機械の一部になっていく。部品になっていく。道具になっていく。ならば、道具とはなにか。社会学者の入江公康はこう言っている。

アリストテレスは質量因・形相因・目的因のほかに道具因という因果を考えた。道具はこの世界のなかで物事の因果において重要なアクターになっているということ。ハイデガーはそれを発展させ、道具をzu-handen-seinだとかVorhanndenhait、つまり「手元にあること」、「手元存在」とした。使いやすく、使い慣れた、親密なもの、というようにその存在性格を位置づけた。われわれはこうした道具のネットワーク（＝生活世界Lebenswelt）という棲み処に安んじて棲まわっているというわけだ。[*92]

道具とは、目的と手段がはっきりしている存在のことだ。工場主がもうけをあげるために、使い勝手がよいということだ。手元にある、手ごろなもの。人間は機械という道具をつかっているうちに、そのネットワークの一部になってしまう。工場主の手元におかれる、

＊92　入江公康『現代社会用語集』（新評論、二〇一八年）七四頁。

手ごろな存在になってしまう。だから労働者が目的を外れて仕事をサボったり、文句をいったりしたら工場主は鬼の顔でシバキあげる。自分の手元にあることをわからせてやるためだ。これに賃上げを求めても意味がない。時短でもものたりない。問題は「搾取」ではない。「収奪」だ。人間を強制的に工場ではたらかせ、機械装置の道具にしていることだ。それでもテクノロジーが約束する明るい未来を信じて、貧乏人どもは黙っとれとでもいうのだろうか。入江公康はこういった。

「手ごろ」さから「手に負えなさ」へ。道具をそのまま投擲する。ようするに道具の身体からの疎遠、遠隔をはかる。制御不能を可能にする。投げ放つ。こうして道具は武器となるだろう。ラッダイトはここから始まる。[*93]

道具をぶん投げろ。もともと人類初の武器は石だといわれている。手ごろな石を投げ放ったら、それがそのまま武器になる。手元になくなる。どこにいくのかわからない。制御不能だ。手に負えない。古代から、主人の道具とみなされてきた奴隷たちは、その身体を遠くへ遠くへと投擲してきた。行き先もわからぬまま、暗い夜のとばりのなかへ走りだしていく。主人の手元から逃げだすのだ。

ラッダイトもおなじこと。この手にもつのは鉄のハンマー。機械を製造するために製造された道具のなかの道具だ。その目的をとびこえて、おもいきりハンマーを振りおろす。ぶっ放せ。その瞬間、手元にあったハンマーが武器に変わる。この身体が道具のネットワークから遠ざかっていく。わたしが武器そのものになっていく。もはや手ごろでもなんでもない。手に負えないのだ。

民衆にとっては出会いも武器だ。たとえば、こんなことがあったかもしれない。ランカシャーでは、すでに近隣地区の情報がはいっていて、ラッダイトかくあるべしというのがわかっていた。だから顔を黒塗りにしてハンマーをもってやってくる。そしたらなんか、わら人形を担いだやつらが騒いでいる。これがラッド将軍じゃあ。ガーン。すると、とつぜん工場にむかって雨の石つぶて。うおおお。ハンマーを捨てて、ぼくも投げる。ハッシ、ハッシ。無我夢中で投石をしていたら、だれかがバラードを歌いはじめた。みんなで合唱。感極まって号泣だ。

＊93　同上。

その後、軍隊にコテンパンにされたが、なんとか逃げおおせて家に帰る。まだ戦える。歌は武器だ。友だちと合唱団を結成。練習しよう。だが気づけば、闘争のことを忘れていて、ただ歌をうたう毎日になっていた。なにが目的かもわからない。自分の身体が道具であることを放棄していく。わたしは工場主のもうけのための手段ではない。収奪者を収奪するための手段ですらない。目的ー手段の関係をとびこえるのだ。未知の出会いは最大の武器。見知らぬ友と触れあえば、そこからなにかが生れてしまう。

しかしそう考えると、「機械」ってなんだとおもってしまう。ほんらい、機械とは目的も中心もないものだ。末端の部品と部品。それぞれが歯車をかみあわせると、その部品だけでは想像もしていなかったようなうごきをしはじめる。そしてまたあたらしい部品と歯車をかさねあわせれば、まったくあたらしいなにかに化けていく。他の機械と接続されることで、いままでの機械の流れが切断される。かつてドゥルーズとガタリは、機械についてこんなことを言っていた。

すでにふれたように、あらゆる機械は機械の機械である。機械が流れの切断を生産するのは、ただこの機械が、流れを生産するとみなされる別の機械に接続される限りにおいてのみである。そしておそらく、今度はこの別の機械がまた現実に切断を行うのである。しかし、この機械が切断を行うのは、さらに第三の機械との関係においてのみであって、この第三の機械は、理念的に、すなわち相対的に、無限に連続した流れを生産するのである。*94

あらゆる機械は機械の機械である。これが機械だという機械は機械ではない。これが流れだという流れは流れではない。だいじなのは流れの切断であり、破壊である。機械の破壊とは他の機械とつながることであり、あたらしい力の流れをうみだすことだ。予期せぬ出会いを無限に繰り返していくことだ。機械とは生の決定不可能性そのものにほかならない。しかし資本家たちはその機械に目的をあたえてきた。その変化もなにもかも、カネもうけの道具になるように操作してきた。予測不可能なものを予測可能なものに置き換える。真の破壊はゆるさない。あるのは「イノベーション」という名の「創造的破壊」それ

＊94　G・ドゥルーズ、F・ガタリ『アンチ・オイディプス　資本主義と分裂症（上）』（宇野邦一訳、河出文庫、二〇〇六年）七三頁

だけだ。機械が資本主義に囲い込まれる。

その道具をハンマーで打ち壊したとき、わたしたちがほんとうに壊したのはなにか。カネもうけという目的だ。資本家という中心だ。資本主義の流れそのものを切断したのだ。ハンマーで機械をたたいたとき、わたしたちはその機械とつながっている。くっついちゃった。わたしたち自身が機械になる。これからどこのだれと、どこのなにとどう歯車をあわせ、どう変化していくかもわからない。われわれは中心のない機械である。道具を武器にもちかえろ。いつだって決定不可能な共同の生を紡いでゆきたい。機械を破壊し、機械になれ。われわれは未来に終わりを告げている。ラッダイト宣言。

ビバ、アボリショニズム!

二〇二〇年五月二五日、アメリカ、ミネアポリスの路上で、黒人男性ジョージ・フロイドが白人警官に殺された。[*95] 警官はフロイドを押し倒し、膝をつかっておもいきり首を絞める。フロイドは苦しくてなんども「息ができない」と声をあげたが、警官はきかない。そのまま絞め殺した。虐殺だ。これをきっかけにして、またたくまにアメリカ全土で暴動がまきおこる。ブラック・ライブズ・マターだ。まずはミネアポリス。フロイドが殺害された現場近く、ミネアポリス第三分署に群衆がおしよせる。警察はバリケードをはって、侵入を阻止。群衆は警察署を包囲しながら、おしあい、へしあいを繰りひろげた。州兵も派遣されてくるが、群衆はものともしない。

だが、そうはいっても一か所に固まっていたら、さすがに軍と警察に包囲されてやられてしまう。だから群衆たちは集団知性をはたらかせた。固まるな。スローガン、「水になれ」。少しまえに、香港で大騒乱をまきおこしていた若者たちが愛用していた言葉だ。ブルース・リーだけどね。群衆たちは小グループにわかれ、車に乗って街にくりだしていく。商店を略奪し、火を放っていく。街中、炎上だ。決めごとはただひとつ。「あらゆる商店に略奪にはいり、なるべくたくさん燃やし尽くせ」。わかりやすい。これを繰り返していると、それまで警察署にこもっていた警官がたまらず街にやってくる。それも一か所ではない。続々と略奪、放火がおこるから、警官をだしてもだしても取り締まれないのだ。燃やせ、燃やせ、燃やせ、燃やせ。Be Water!　Spread Fire!

＊95　以下、ブラック・ライブズ・マターの記述については、高祖岩三郎×マット・ピーターソン監修「蜂起するアメリカ　連続インタビュー&現地報告」(『BLACK LIVES MATTER　黒人たちの叛乱は何を問うたのか』河出書房新社、二〇二〇年)を参考にした。

そうこうしているうちに、警察署の警備があまくなる。しめた。だれかがかっぱらってきた郵便車に乗って全速力で突っこんでいく。バリケードをふっとばし、なかに侵入。そして、そのまま火を放った。いけ、いけ、いけ、いけ。群衆たちが突入していく。警官は催涙弾をうちつくすと、もうなすすべがない。署内で逃げまどっている。荒らせるだけ荒らせ。略奪できるだけ略奪しろ。さいごは警察署を焼き討ちだ。メラメラ、メラメラ。ポリスの館はよく燃える。

> ミネアポリスでの木曜夜、かつては第三分署だったところで大かがり火を囲んで出会ったひとたちのことを私は忘れることはないでしょう。見えるところに警察はいないので、誰もが微笑んで略奪品をシェアし、踊ったり寛いだりしていました。[*96]

ああ、きれいだ。警察署を焚き木にして、その炎を囲みながら略奪品をシェアして踊り狂う。たのしい。なにより警察のとりしまりがない。あたりまえのことがあらためてわかる。社会秩序があるから生きていけるのではない。自分のことは自分でやる。自分たちのことは自分たちでやる、やれるのだ。燃え尽きて、街全体が機能停止。食糧がない人たちはどうすればいいのか。相互扶助だ。略奪品をシェアして無料提供。じゃあ、このコロナ禍にケガや病気になったらどうしたらいいか。気づけば、医療診療所のテントがたってている。ホームレスの支援にと奪いとったホテルの部屋を提供する。快適だ。ミネアポリスに民衆の自律圏が創出された。

これがアメリカ全土に波及していく。もちろんそれぞれ違うやりかたでだ。たとえばシアトルでは警察署を焼き討ちにするにも、住人の居住区が近すぎて燃やせない。そこで一帯を占拠して、ＣＨＡＺ（Capitol Hill Autonomous Zone）を名のった。キャピトル・ヒル自治区だ。みんなでテントをもってきて、住みこんで食糧をわけあい、人によっては公園で開墾をはじめる。医療診療所もできるし、白人至上主義者の襲撃から身をまもるために、自警団もたちあがる。

映画の上映会もはじまる。ＤＪブースも設置される。レッツ・パーティ。公式の意思決定機関などない。毎日、全体会議はひらかれていたが、ＤＪブースから爆音が鳴りひびく

*96 「ミネアポリス暴動からの報告書」（小林隼訳、『BLACK LIVES MATTER　黒人たちの叛乱は何を問うたのか』河出書房新社、二〇二〇年）一七三～一七四頁。

なかで、ハンドマイクを片手に怒号がとびかう。なにかが決まる。決まってない。決まっている。そんな感じだ。でも基本はみんな類縁集団《アフィニティ》とよばれる小グループごとにうごいていて、必要だとおもったら、だれかが勝手にやっているのだ。命令などいらない。相互扶助で十分だ。スローガンは「警察廃絶」。警察のない世界を実践していく。

なにがおこっていたのか。ふたたびマニュエル・ヤンにきいてみよう。[*97] いわく。アボリショニズム（廃絶主義）だ。まえにハリエットたちのはなしをしたのを覚えているだろうか。命を賭して、奴隷制廃絶に奔走していたあの運動だ。もちろん南北戦争で北軍が勝利して、一九世紀後半には奴隷制は廃止されている。だけど内実はべつものだ。南部で暮らすにしても、黒人たちは土地をもっていないから元主人の白人から土地を借りる。けっきょく小作人だ。いままでとおなじように奴隷扱い。がんばって都市にでても、よい仕事なんてもらえない。スラム街で低賃金労働。白人のブルジョアたちは、この使い勝手のよい底辺労働力をなんとしてもキープしたい。じゃあ、法律でそうできるようにしよう。ジム・クロウ法よろしく、人種隔離政策だ。

黒人は学校も病院もトイレも映画館も、なにをするにも白人と隔離される。おまえら劣等人種がオレたちと一緒になれるとおもうなよと。破れば私刑。リンチにかけられ、ときに殺害。それを司法制度が支えるのだ。どんどん私刑の幅がひろがっていく。主人に口ごたえをしたり、横柄な態度をとったらひきずりまわし、白人女性に声をかけたら目をくりぬく。選挙にでるといったら銃で脅し、家を焼き討ちにし、それでもきかなければ性器を切りとって木に吊るす。処刑だ。そうやって圧倒的な暴力を背景として、黒人たちをだまらせて低賃金でつかうのだ。

一九六〇年代になると、公民権運動がおこって人種隔離政策は撤廃されたのだが、それでも基本は変わらない。警察がスラム街で暮らす無職の黒人たちに、ひたすら職質をかける。ドラッグと犯罪のとりしまりを名目として。ならず者たちの拠点をたたけ。そこだけ集中的にやりつづけていれば、必ずなにかしらの犯罪はでてくる。やっぱりこいつらは犯罪者だからと、さらに追い打ち。警察に従わないものがいれば犯罪者としてぶちのめし、えいそれと射殺する。おっかない。

二〇〇〇年代にはいると、それを司法だけではなくコンピュータがサポートしはじめ

＊97　前掲、マニュエル・ヤン「ブラック・ライブズ・マターとは何か」（『BLACK LIVES MATTER　黒人たちの叛乱は何を問うのか』河出書房新社、二〇二〇年）。

る。たとえば、ロサンゼルス市警は犯罪の統計データをだして、それをコンピュータに入力し、自分たちはＡＩの客観的判断にもとづいてうごいていると言いはじめる。「公正」で効率的なとりしまりだ。ならず者の黒人たちを捕まえろ。だが、黒人たちの高い「犯罪率」をだれがどんな意図でつくりだしてきたのかは決して問われない。ほんとうは単純だ。黒人に犯罪者のレッテルを貼ること。白人とおなじ機会をあたえないこと。おおくの黒人を底辺労働力として使いつづけることだ。

ちなみに現在、どこもかしこもスマートシティ化したこの世界では、ロサンゼルス市警の手法はもう一般化しているようにおもわれる。自由に行動すればするほどその履歴がビックデータとして集積され、とりしまりに利用される。直接、警察が弾圧しなくてもいい。もともと企業勤めをしてきたのは白人男性がおおいのである。あとはその統計をＡＩに判断させるだけのことだ。差別的な企業はこう言うだろう。うちは黒人と女は雇わない。だって、ＡＩがむいていないと言っているのだからと。

あるいは反国家的な言動をとったり、学校に反抗して退学になったひとがあまり定職に就いていないというデータがあったとする。そしたらＡＩの合理的判断にもとづいて会社に雇わない、クビにすることもできるだろう。実際にはそんなデータはなかったとしても、一人二人、見せしめ的にやられたら、みんなAIにそう判断されているかもしれないとおもいこんでしまう。だれもがあらかじめ悪くみられないように、反社会的な言動を慎むようになってしまうのだ。まえにフーコーのパノプティコンを紹介したが、それが社会に全面化したのである。フランスの思想家、グレゴワール・シャマユーはこれを「ハイパー・パノプティコン」とよんでいる。[*98]

ちょっと脱線してしまったが、話をもどそう。言いたかったのは奴隷制のままだということだ。資本主義は奴隷の収奪によってなりたっている。黒人は奴隷とみなしていい。その理由づけに「人種」が利用される。こいつらは劣等人種だからいいのだと。奴隷と呼ばれなくなっても、いままでと変わらずこいつらは本質的に劣っているから安くコキつかっていいと言われつづける。資本主義はレイシズムによってなりたっている。レイシズムがあるかぎり、資本主義はなくならない。そういう意味をこめて、セドリック・ロビンソンは「人種資本主義」という用語をつかった。[*99] そしてその人種資本主義を稼働させてきた

＊98　グレゴワール・シャマユー『ドローンの哲学』（渡名喜庸哲訳、明石書店、二〇一〇年）。
＊99　興味のある方は、Cedric Robinson, *Black Marxism: The Making of the Black Radical Tradition*. 1st ed., London: Zed Books, 1983をどうぞ。

のが奴隷狩りであり、私刑であり、警察の取り締まりだ。その組織的暴力を打ち砕かないかぎり、奴隷の解放はありえない。奴隷制を廃絶せよ。資本主義を廃絶せよ。しからずんば、警察を廃絶せよ。All Cops Are Bastards. 警察はみんなくそったれ。ビバ、アボリショニズム。

闇のコミュニズム

しかし警察署襲撃はまだしも、略奪や放火は受けいれられないという人もいるかもしれない。もちろんカネのなさそうな個人店舗や一般家庭におしいって、銃で脅して金品をまきあげたら、そんなのただの弱い者いじめだ。古代から国家がやってきたこととおなじである。「収奪者が収奪される」[*100]。かつてマルクスはそういっていたが、こちらがおなじ収奪をやってしまったら、けっきょくただの収奪者だ。権力と対称的な闘争をやってはいけない。あたらしい支配ができるだけ。

はっきりさせておこう。ブラック・ライブズ・マターで襲撃されたのは貧しい白人の商店や黒人の店ではない。あくまで大型スーパーや高級商店、ブランドショップだ。これがなにを意味しているのか。参考になるとおもうので、ちょっとまえの文章を紹介してみよう。これは一九六五年、ロサンゼルスのワッツ地区で黒人暴動がおこったとき、フランスの思想集団、シチュアシオニストが言っていたことだ。

ロサンジェルスの反乱は商品に対する反乱である。商品の尺度に位階秩序的に従った労働者-消費者と商品の世界に対する反乱なのである。ロサンジェルスの黒人は、あらゆる先進国の非行青少年の徒党と同じく、だが、より過激なやり方で——なぜなら、彼らの反乱は、全体として未来なき一つの階級、昇進や統合といった好機の到来を信じることのできないプロレタリアートの一部門の規模でなされるからだ——、現代資本主義のプロパガンダを、すなわち豊かさの広告を、文字どおりに受け取るのである。彼らは、目の前に差し出されてはいるが実際には手に入らないすべての物を、すぐにほしいと思っている。というのも、それらを使用したいからである。つまり、彼らはその交換価値や商品としての現実を認めないのである。[*101]

＊100 前掲、マルクス『資本論（三）』四一五頁。

＊101 「スペクタクル＝商品経済の衰退と崩壊」（木下誠訳、『アンテルナシオナルシチュアシオニスト5 スペクタクルの政治』インパクト出版会、一九九八年）二一四頁。

ワッツ暴動は「商品の世界」にたいする反乱だ。そもそも労働−消費とは人間を奴隷にする機械装置にほかならない。ほんとは他に生きるすべなんてたくさんあったのに、それが暴力的に奪いとられ、なかったことにされてしまう。カネがなければ、生きていけないとおもわされる。死の恐怖を突きつけられて、それ以外の道がみえなくなってしまう。あとはもうどれだけ稼げるか、どれだけ買えるのか、それだけだ。人間の価値がカネで秤にかけられる。人間の身体に値札が貼られていく。商品だ。

人間が商品世界で序列化される。だれだってまわりによくみられたいものだから、どんなに雇用主に酷使されても、がむしゃらにはたらいて、ブランドで着飾って、よい車にのって、高いレストランでお食事だ。エンジョイ。自分がなにをしたいかではない。なにがほしいかではない。カネがほしい。生の直接性が剝奪される。自律の力が根こそぎにされる。ほんとは暴力的にそうさせられているだけなのに、自分の意思でそうしているかのようにおもわされる。商品世界だ。みんな奴隷だよ。

なかでも黒人たちは、はじめから人種と警察の取り締まりによって、商品世界の貧しさを表象するようにしたてあげられてきた。はなからヒエラルキーの底辺であるように運命づけられている。そこに未来はない。だからこそ、肌でわかっているのだ。この世界の平等をはかっても意味はない。問題は人間を奴隷化するプロセスそのものだ。この世界そのものだ。やっちまえ。

高級商店に押し入って奪えるだけ奪い、壊すだけ壊し、警察が駆けつけるまえに火を放って逃げていく。そういうとちょっと怖そうと思われるかもしれないが、わたしが映像でみていたかぎり、ブラック・ライブズ・マターのときは屈強な男たちだけではなく、近所のおばちゃんや子どもたちがふつうに略奪をやっていた。がんがんお店にのりこんで、この靴いいね、このTシャツいいねと、さながらショッピング。エンジョイだ。パトカーのサイレンが鳴ったら、さあ逃げろ。

しかしおばちゃんの一人が転んでしまって、ギャアと叫ぶ。足が悪くて、一人じゃ起きあがれない。やばい。そしたら兄ちゃんたちが駆けもどってきて、おばちゃんを担いで猛ダッシュ。退却じゃあ。そしていざ警察署が焼き討ちになったら、たき火を囲んで、とってきた物品をシェアしはじめる。もはや商品ではない。贈り物だ。交換ではない。相互扶助だ。「彼らはその交換価値や、商品としての現実を認めない」。商品世界の論理をとびこえて、まったく別次元の生をいきていく。

ちなみにワッツ暴動とおなじころ、シチュアシオニストのギー・ドゥボールは、暴動とは「消費の機械」の破壊なのだといっていた。[102]「新たなラッド将軍」の登場だ。それから五〇年以上たったいまもおなじこと。その道具をつかっていると、自分の身体が商品世界にまきこまれる。カネもうけの道具にされてしまう。その目的を達成することがよいことだとおもわされてしまう。だが、手元にある道具をぶん投げたとき、その道具は機械を壊す武器に変わる。商品世界の目的をふっとばす。車を警察署に突入させる。手に負えない。燃えさかる炎のなか、略奪品をみんなのまえに放り投げる。手元にない。もはや商品ではない。われわれ民衆へのプレゼントだ。

「各人がその能力に応じて、各人はその必要に応じて」。古くからある共産主義《コミュニズム》の原理だ。[103]やれるとおもったことをやれるとおもったひとがやれるだけやって、ほしいものをもらえるだけもらっていく。むろんその理想を実現するために、ああしろ、こうしろというのではない。そんなのだれにいわれるまでもなく、言葉に先んじて勝手にやっていることだ。いざとなったらなんとでもなる、なんでもできる、なんにでもなれる。さっき収奪者とおなじ収奪をしてはいけないといったが、それは商品世界という土俵のうえで、収奪者と闘ってはいけないということだ。あたらしいラッド将軍がやってくる。非対称の戦争をしかけよう。やっちゃえ、闇のコミュニズム。

カオスは決して滅びてはいない

なごり惜しいですが、そろそろまとめにしよう。ラッダイトとはなにか。そこで賭けられていたのはなんだったのか。かつてピーター・ラインボウは「ハキム・ベイ」というペンネームで、こんな概念を提起していた。「T.A.Z.（The Temporary Autonomous Zone）」。「一時的自律ゾーン」だ。権力奪取を目的としているのではない。たとえ最終目標が国家の廃絶だったとしても、そのための理想的なオルタナティブな社会を構想していたとしても、その過程でひとが道具のようにあつかわれ、いまを犠牲にさせられるのではたまらない。あたらしい支配がうまれるだけだ。クソくらえ。

T.A.Z.はきほんゲリラ戦。非対称の戦争だ。夜陰にまぎれて機械を破壊し、権力か

＊102 ギー・ドゥボール『スペクタクルの社会』（木下誠訳、ちくま学芸文庫、二〇〇三年）一〇六頁。
＊103 デヴィッド・グレーバー『負債論　貨幣と暴力の５０００年』（酒井隆史監訳、高祖岩三郎、佐々木夏子訳、以文社、二〇一六年）を参考にした。

らは不可視のゾーンをつくりだす。もじどおり非合法活動のために秘密裏にうごいて警察に把握されないということでもあっただろうし、そうでなくて、やっていることが国家の目にはうつらない、識別不可能ということもあるだろう。職人たちがただバーで騒いでいるだけだとおもっていたら、それがラッダイトの宣誓だったかもしれないし、若者がアホみたいなパーティをひらいているとおもっていたら、そこが闇のコミュニズムの実験場になっていたかもしれない。

ちなみに、「一時的」というのは必ずしも短期的ということではない。何十年でもそこでやっていけるならそれに越したことはないだろう。だがあえて一時的といっているのは、もしそこが権力に特定され、包囲されて、しかもそれを力で跳ねかえすことができなかったとしたら、全滅するまで闘わなくてもいいということだ。じっさい、「決死の覚悟で闘う」とか言っていると、その倫理が必ず自分たちを縛りつける。怠け者にはゲンコツを。サボりたい。やばいとおもったらすぐ逃げろ。みずからを消滅させて、別のところでおなじことをすればいい。反復だよ。

おそらく勘のいいひとは、ハキム・ベイが海賊をイメージしているのがわかるだろう。あの元水夫や逃亡兵、逃亡奴隷たちの反乱だ。たえず国家にゲリラ戦をしかけ、商船を焼き討ちにし、追手がきても煙にまいて逃げていく。諸国民の敵。さいご、カリブの海賊たちは海上の覇権をにぎりたいイギリスによって殲滅《せんめつ》させられてしまうのだが、しかしそれで反乱が収まったとおもったら大まちがいだ。

その後、怒れる水夫たちは陸にあがってストライキ。海賊対策で武装強化されていたその商船から、イギリスの貿易商たちにむけて大砲をぶっぱなした。やがてその技術は工場労働者にひきつがれ、こんどはラッダイトに姿を変える。海賊は終わらない。地獄の果てまでヒャッハー。なにがしたいのか。

言うまでもなく、「一時的自律ゾーン」は単に、歴史的瞬間としてではなく、心理的精神的な領域、あるいは実存的な状態としても出現する。人間は、密度の高い諸集団によってシェアされた、自律という「至高体験」を必要としているように見える——ランボーが言っているような〈フリー・フリーダム／完全なる自由〉［一八七〇年、ジョルジュ・イザンバール宛の書簡中の、librté libreに相当する］を——想像の中だけではなく、現実の空間／時間の中で、社会的なものに価値と意味とを与えるために。*104

自律《オートノミー》だ。他人の生を生きるのではない。奴隷の生を生きるのではない。自分の生を自分で生きる。自分の力の高まりを自分自身で感じとる。やりたいことしかもうやらない。生の直接性。フリーダムだ。だが、それは自分のおもいどおりに自分をコントロールすることではない。身体にまかせろ。自然の勢いだ。おのれの生を自ずと生きる。たとえば、機械の打ちこわし。捕まれば死刑かもしれない。あたまでは無茶だとわかっていても、身体が勝手にうごいてしまう。やっちゃった。

この闘争に死を覚悟して挑むとか、そんな辛気くさいことではない。いま死ぬぞ、ヒャッハーだ。生から死へと、未来にいたる直線の時間が消えていく。どこまで死にいそぐのか。高速で死を突きぬけて、あたりまえのように生きてゆく。手に負えない。アナーキーだ。何人にも支配されない。自己の至高性を自己の身体にたたきこめ。自己の生すら跳び越えて、刹那の歓喜に酔いしれろ。フリー・フリーダム。

そして、その力の跳躍をひきおこすのが高い密集力だとしたら、その集いをどれだけ自己組織化できるのか。そこからどれだけわけのわからぬものに変化していくことができるのか。どれだけその力を反復できるのか、バラバラになって増殖していくことができるのか。機械を壊せ。仲間たちのハンマーの震動がこの身体に伝わってくる。その震えがまたあたらしい震えを呼びおこしていく。共鳴する身体だ。

水夫たちが海賊に変わっていく。逃亡奴隷たちが黒いモーセに変わっていく。職人たちがラッド将軍に変わっていく。チンピラ、無職、犯罪者。貧乏人たちがあたらしいラッド将軍に変わっていく。いや結果として闘争とはぜんぜん関係なくなってしまってもいい。死んだつもりでラッダイト。そうおもっていたら、なぜだか合唱団をはじめている。人生を投げ捨ててストライキ。そうおもっていたら、気づけばその敷地から温泉が噴きだしている。花咲じいさん。目的が解体される。自分の身体が横道に逸れていく。横へ横へとズレていく。予期せぬ力とつながって、予期せぬ力となって跳躍していく。その力を無意識的に承認しよう。機械を破壊し、機械になれ。カオスは決して滅びてはいない。

＊104　ハキム・ベイ「第二版への前書き」（『T．A．Z．　一時的自律ゾーン　存在論的アナーキー詩的テロリズム［第2版］』箕輪裕訳、インパクト出版会、二〇一九年）iii。

おわりに

皇帝、皇帝、うぬは四人の賊臣にそそのかされて、よくもわれらを毒殺しおったな。ここで出会ったが百年目、今こそ仇を討ってやるぞ。

（『水滸伝（下）』松枝茂夫訳、岩波少年文庫）

「遊びをせむとや生まれけむ、戯れせむとや生まれけむ、遊ぶ子どもの声聞けば、我が身さへこそ揺るがるれ」。これは平安時代の歌集、『梁塵秘抄《りょうじんひしょう》』に収録された今様《いまよう》だ。いまでいう流行歌。わたしはこの歌が好きでよく一人で口ずさんだり、なんどか文章でもつかってきたのだが、なにより内容がやばすぎる。遊んでいないのは生きていないのとおなじことだ。はしゃいでいないのは生きていないのとおなじことだ。遊ぶ子どもの声をきけば、わたしのこの身体が揺るがされてしまう。

人生は遊びである、震えである。テンテレック、テレックツ。祭囃子《まつりばやし》に誘われて、ふらふらのぞきにいってみれば、みんなが輪になり踊ってる。はしゃぎたいだけはしゃげ。叫びたいだけ叫べ。跳ねたいだけ跳ねろ。気づけばわたしも踊ってる。グルグルまわって、ピョンピョン跳ねる。きもちいい。我を忘れて踊ってしまう。明日のことなど知ったことか。このまま一日踊ってしまえ。

夕食をとるのもわすれ、宿題なんてほったらかにして、親に怒られてもおかまいなし。遊び狂っていた子どものころのように、時間をわすれて踊ってしまう。未来などない。あるのは過去それだけだ。子どもに還れ。はじめてのことなのに、昔からずっとそうしてきたかのようにやってしまう。おのずと踊れ。懐かしい未来が躍動している。恐るべき子どもたち。アナーキーの自発だ。

ところで、わたしは社会契約というのを交わしたおぼえがない。契約書でもあったのか。まえにそんなことを書いて、大人になれよと言われたことがあるのだが、じゃあ、大人になるとはどういうことなのか。最後の章でもふれたけれど、一六世紀からイギリスではジェントリとよばれる大地主たちが、羊牧でもうけるために農民の共有地を強奪し、それを自分のものだといって所有権を主張した。囲い込みだ。

もちろん、そんなのおかしいと抵抗がやまない。羊を盗め。ジェントリの館を焼き討ちにしろ。ならばと、それを絶対的な権力でたたき潰す。社会契約だ。われわれの所有権を保護するために、われわれの政府を樹立しよう。そういう契約をみんなで交わしたことにする。公権力の名のもとに警察組織をたちあげて、財産の侵害者たちを血祭りにあげろ。とりしまりだ。窃盗罪は死刑。それが近代国家の本義である。

しかもこれがきっかけで、賃労働の土台が築かれている。マルクスいわく、資本主義の本源的蓄積だ。農地からたたきだされ、都市にでてきたフリーな人間たち。もはや他に生きる手段はない、カネがなければ生きていけない。カネをくれる雇用主に絶対服従。人間の人間による収奪だ。いちど雇われたら奴隷のようにはたらかされる。どんなに無茶をいわれても、逆らってクビを切られたら死ぬとおもわされる。雇用主につかえる奴隷だとおもわれたい。将来を意識させられる。明日も生きのびるために。明日も、その明日も。労働の未来に支配されるのだ。

しかし不思議なのは、あきらかにひどいことをやっているのに、いざ政治思想として社会契約論が語られると、無条件によいものだとみなされてしまうということだ。所有権は神聖なり。そして死の恐怖を突きつけられて、みんなが賃金奴隷にさせられているのに、その収奪自体も問われない。いまや資本主義を生きるのは大前提だ。問われるのは、そのなかでの不平等。搾取だけだ。

だから、その大前提を疑おうとすると嘲笑の的になる。おまえ、大人になれよ。言っていることはわかるけど、歴史的事実なのだからしかたがないと。世のなかの流れは変えられない。後ろをふりかえるな。前だけみてろ。未来のことだけ考えて生きるのだと。しかし、その大人たちのせいで見過ごされてきたことがある。収奪は歴史ではない。現在進行形だということだ。言いかたを変えておこう。わたしたちの生はたえず資本主義をはみだしている。それが収奪されてしまうのだ。

たとえば、アメリカの黒人たちは一九世紀半ばまで奴隷としてあつかわれ、現在でも底辺労働力としてつかわれている。逃げれば奴隷狩り。反抗すれば、白人至上主義者や警官に襲撃されてきた。とりしまりだ。だが、もうそんな収奪には耐えられない。黒人たちの生が猛烈にあばれだす。未来などない。あるのは死者たちからの雷鳴のような呼びかけそれだけだ。燃えよ、アボリショニズム。

そこまで大きなことじゃなくてもいい。目のまえでおばあさんが倒れていたら、われしらず助けおこす。ゲホゲホしているからコロナかもしれない。だけど身体が勝手にうごいてしまう。あとさきなんて考えない。野良猫が倒れていてもおなじことだ。仕事など辞めてケアしてしまう。われもわれもと助けにうごく。非常事態でスーパーが閉まっているとおもえば、もっているひとがもっているだけもちよって、食糧配給所ができているし、病気やケガで困っていたら診療所ができている。支援物資が続々ととどく、無料でもいい。あればカンパをくださいな。相互扶助だ。

文字どおりの助け合いじゃなくてもいい。一冊の本と出会っただけで身体に激震が走り、人生を棒にふることもあるだろう。ただ詩をまき散らしたい。それは友だちとのくだらないおしゃべりで起こるかもしれないし、ドラムの震動で起こるかもしれないし、それこそ祭りにいって踊ってみたら、激震につぐ激震。もう震えがとまらない。ケアだよ。

気づけば言葉という次元すらとびこえて、地面を蹴りとりとばすこの音がわしの詩じゃあと、踊り狂っているかもしれない。予期せぬなにかとつながって、自分の身体が破壊される。そして予期せぬなにかに変化していく。あなたも、あなたも。そんな身体の共鳴をどれだけ巻き起こしていくことができるのか。

大杉栄はそうやって、生きる力を自分でも制御できないくらいじゃんじゃん拡げていって、その充実をはかることを「生の拡充」とよんでいた。アナキズムとは「無支配」のことではあるが、それは将来実現すべき理想社会ではない。そんなことを言っていたら、けっきょく将来のためにいまを犠牲にさせられてしまう。だいじなのは、いまここで無支配の生をいきることができるかどうか。逆に将来を背負わされ、他人に征服されてきたこの身体を、いまこの場でたたき壊すことができるかどうか。奴隷のように収奪されてきたこのわたしを、わたし自身がうち砕くのだ。無政府は事実だ。

国家、ブルジョア、警察、軍隊。われわれは収奪者がいなければ生きていけないとでもいうのだろうか。ふざけんな。自分のことは自分でやる、自分たちでやれる。ふとしたはずみで気のあうやつらと遭遇すれば、そのやれることすらとびこえて、自分でも想像していなかったようなことをやりはじめる。おのずとだ。やろう、てゆうか、やるな。やっちゃった。その力の跳躍を永遠に繰り返してゆきたい。自律《オートノミー》。

そろそろ終わりにしよう。労働の未来から逃散せよ。祭囃子がきこえてくる。テンテレツク、テレツクツ。懐かしい未来が帰還する。恐るべき子どもたちが踊りだす。もう我慢できない。ぼくといっしょに機械を壊そう。その身体が予期せぬ力に変化していく。中心のない機械に変わる。その自然の勢いを無意識的に承認しよう。自律《オートノミー》の自己組織化だ。不可視のテリトリーを築き、支配なき共同の生を紡げ。思想に自由あれ。しかしまた行為にも自由あれ。そしてさらにはまた動機にも自由あれ。フリー・フリーダム。

＊

謝辞です。まずは担当編集者の田中遼さん。じつは去年、厄年ということもあって、なにをやってもうまくいかず頭を抱えていたのですが、そんなとき本書のお声かけをいただきました。おかげさまで半年間、たのしかったです。また小説家の早助よう子さんにも。

本書では「懐かしい未来」という言葉を多用しているが、これはかの女の小説からいただいたものだ。ありがとうございます。そして盟友、マニュエル・ヤンさんにも。いくつか文章を引かせてもらいましたが、それ以外にもかれとの会話からたくさんのヒントをもらいました。サンキュー。それからもう一〇年以上前になるが、海賊研究会でお世話になったみなさまにも。とりわけ菰田真介さんにはすばらしい翻訳をつうじて、たくさんのことを教えてもらいました。感謝。そして読者のみなさまにも。最後までおつきあいいただき、ありがとうございました。また近いうちにお会いしましょう。ごきげんよう！

万国の大人たちよ、駄々をこねろ！

二〇二一年六月

栗原　康

栗原 康 くりはら・やすし
1979年埼玉県生まれ。政治学者、作家。
東北芸術工科大学非常勤講師。専門はアナキズム研究。
著書に『大杉栄伝 永遠のアナキズム』(角川ソフィア文庫)、
『村に火をつけ、白痴になれ――伊藤野枝伝』(岩波現代文庫)、
『死してなお踊れ――一遍上人伝』(河出書房新社)、
『はたらかないで、たらふく食べたい
――「生の負債」からの解放宣言』(ちくま文庫)、
『アナキズム――一丸となってバラバラに生きろ』(岩波新書)など。
趣味はビール、ドラマ鑑賞、詩吟、河内音頭、長渕剛。

NHK出版新書 658

サボる哲学
労働の未来から逃散せよ

2021年7月10日　第1刷発行
2023年8月5日　第2刷発行

著者 栗原 康

発行者 松本浩司

発行所 NHK出版
〒150-0042 東京都渋谷区宇田川町10-3
電話 (0570) 009-321(問い合わせ) (0570) 000-321(注文)
https://www.nhk-book.co.jp (ホームページ)

ブックデザイン albireo

印刷 壮光舎印刷・近代美術

製本 二葉製本

Printed in Japan ISBN978-4-14-088658-8 C0210